"Sobre os ombros de gigantes"
Isaac Newton

Santiago de la Iglesia Turiño

Porque é que a bisexualidade nos torna humanos

O sentido biológico da homosexualidade

Lulu.com

**Título: Porque é que a bisexualidade nos torna humanos.
O sentido biológico da homosexualidade**

Título Original: "Por qué la bisexualidad nos hace humanos
Sentido biológico de la homosexualidad"

Tradução: Traduciendote
Correção e Revisão: Maria João Santos Leite Lima

ISBN: 978-1-4452-6498-1

Lulu.com

Sumário

Introdução

"A pergunta mais difícil é: O que nos torna humanos? [...] O grau de variação fenotípica [entre humanos e chimpanzés] não está estritamente relacionado com o grau de variação na sequência". Com estas palavras abria-se a discussão do estudo, publicado em 2005 pela Nature (revista semanal de Ciência), no que se analisava o primeiro rascunho do genoma do chimpanzé. Os pesquisadores fizeram notar que, comparando os genes dos humanos e dos simios, seria difícil predizer espécies tão diferentes. Quatro anos depois, outro trabalho no último número da Nature encabeçado pelo Espanhol Tomás Marqués-Bonet realça que "as proteínas [de humanos e chimpanzés] são virtualmente idênticas"

Público 11/02/2009

Em Outubro de 2006 foi organizada uma exposição no Museu de História Natural de Oslo entitulada "Na contramão da natureza?" sobre a homosexualidade nos animais. Na exposição apresentaram-se fotografias de diferentes espécies animais em atitudes homossexuais e, segundo comentaram os organizadores aos meios de comunicação, a homosexualidade é um fenómeno comum e estendido ao mundo animal. Relativamente ao comentário, a homosexualidade no mundo animal não é nem tão frequente nem tão abundante como no homem, mas existe e é um facto a ter em conta: o homem não a inventou. Não é nenhuma invenção humana embora seja um fenómeno comum na raça humana. E na nossa espécie, como veremos, tem um potente sentido biológico: amortecer a violência, sensibilizar e permitir a humanidade. Em qualquer parte do mundo onde haja pessoas há homossexuais: gays e lésbicas. Não importa quão forte é a repressão empregada, os homossexuais existem, quer sejam visíveis ou não. Em inícios do século XXI ainda há alguns países, como o Afeganistão, a Arábia Saudita, Iémen, Irão, Sudão, Emiratos Árabes Unidos, Mauritania e Nigéria, que consideram crime ser gay e o punem com a pena de morte. O presidente do Irão, Mahmoud Ahmadinejad, numa conferência que deu na Universidade de Columbia em Nova York, afirmou que no seu país o "fenómeno da homosexualidade" não existe. A pergunta que lhe deveriam fazer então é: porque é que no seu país se castiga com a pena de morte um fenómeno que não existe? Independentemente do que o Presidente do Irão diga, ou deixe de dizer, desde já podemos afirmar sem nenhum risco de nos enganarmos que nesse país os gays e lésbicas existem como em qualquer outra parte do mundo. Possivelmente a repressão brutal do regime faz com que os homens e mulheres homossexuais desse país vivam reprimidos em negação, negando os seus mais íntimos instintos; ao mesmo tempo que fazem infelizes os seus maridos e mulheres do sexo oposto. Mas que ninguém se engane pensando que a repressão anula a homosexualidade, só a esconde, e de passagem torna montes de famílias infelizes. Como é que um homem pode fazer feliz a sua esposa desejando outro homem? Como é que uma mulher pode fazer feliz o seu marido desejando outra mulher? E por pura lógica estas uniões socialmente pressionadas só podem criar infelicidade. As relações conjugais são suficientemente complicadas para que possam funcionar sem amor e sem sexo. A atração sexual para com as pessoas do mesmo sexo é uma constante em parte da população de todas as sociedades humanas do planeta. Muitas vezes a repressão selvagem, que se dá na maior parte do mundo, faz-nos pensar que a homosexualidade é algo que só acontece no mundo ocidental. E quando falo de repressão não me refiro só à penal mas à coerção social exercida, dia a dia, por toda a sociedade.

O faraó Egípcio Akhenaton, que viveu 1300 anos antes de nossa era, inventou o monoteísmo ou a adoração a um único deus. E a adoração a Aton, o sol, foi instaurada a sangue e fogo em todo o antigo Egipto. Aquando da sua morte, reinstaurou-se de novo a antiga religião mas, apesar do seu credo não ter sobrevivido , a sua invenção tinha nascido para ficar e para triunfar. Se os politeísmos eram maus os monoteísmos nasceram intolerantes e sangrentos. Desde o mesmo momento em que os monoteísmos triunfaram converteram os seus fiéis em escravos, diminuiram as liberdades religiosas e sexuais e transformaram-nas em ditaduras religiosas. Onde os politeísmos exibiam indiferença ao diferente e desconhecido, os monoteísmos instauraram a repressão e a morte para tudo o que era diferente. Todos os tipos de relações sexuais que fossem diferentes da heterosexual reproductiva foram tratados com ódio, medo, rancor, aversão, mania, aborrecimento, animadversão, abominação, antipatía, ojeriza, desprezo e raiva. Esta fobia converteu-se em regra, e depois de séculos a doutrinar os meninos indefesos conseguiu-se reeducar a própria natureza humana. E onde as sociedades antigas, com deuses assumidamente homossexuais e bissexuais, viam normalidade, as modernas só viam actos a reprimir e a castigar. Tudo o que sexualmente não fosse conducente à reprodução e, portanto, visto como natural, era considerado pecado e punido com a morte. Assim, durante quase 1.500 anos, o homem foi considerado monossexual como os seus parentes chimpazés e tudo o que diferísse dessa monosexualidade foi socialmente, religiosamente e penalmente reprimido. O homem tinha-se convertido em escravo de uma das suas invenções

As nossas sociedades são homófobicas. Todos nós a respirámos todos os dias e, tal como o ar, pensámos que é natural. Esta fobia implementada para tudo o homoerótico impede um comportamento sexual humano livre. No área sexual o homem não é livre, as árvores não o deixam ver o sol. O grande medo ao homossexual impede observar o fenómeno no seu justo termo. O desejo homoerótico não é um facto pontual e isolado, não é uma constante de uma equação matemática como pode parecer, é apenas mais um resultado, uma das sete soluções possíveis à integral da sexualidade humana.

Se olharmos para os nossos parentes chimpanzés comuns e para os bonobos ou chimpanzés pigmeos, veremos que eles não são sexualmente idênticos, apresentam sexualidades muito diferentes que os convertem em seres muito diferentes socialmente. O chimpanzé é monossexual e vive numa sociedade machista muito violenta, o bonobo é pansexual e a sua sociedade é matriarcal e bastante pacífica. A sexualidade determina que duas espécies muito próximas entre si tenham comportamentos sociais muito diferentes. Os humanos partilham mais de 98% do genoma com estes grandes simios. Apesar de nos fazerem achar que a nossa sexualidad era semelhante à do chimpanzé, este é só um dado enviesado. A nossa sexualidade não é nem monossexual, como a do chimpanzé nem panssexual como a do bonobo, é uma bisexualidade própria do grupo humano. Não existem nem chimpanzés nem bonobos gays, mas entre os bonobos as relações bissexuais, com indivíduos de um e outro sexo, são a norma. Um grupo de primatas exclusivamente homossexuais só é comum entre os primatas humanos.

Milhões de pessoas em todo mundo sentem-se como bichos raros por se sentirem atraídos por pessoas de seu mesmo sexo. Muito poucos são os que se conseguem aceitar e viver sua vida como são. Isto acontece só nos países em que homosexualidade é aceite, nos restantes países onde não ser heterosexual pode levar à pena de cadeia ou de morte a situaçã é infinitivamente pior. O desprezo e a ira com que as religiões monoteístas marcaram as relações homossexuais conseguiram escondê-las e estenderam um amplo véu que impediu decobrir a realidade e amplitude do fenómeno. E por detrás do espesso véu, uma maioria esmagadora de homossexuais tem que viver uma vida insulsa, infeliz e falsa. Apesar de a homosexualidade existir também no reino animal nunca é tão geral nem rão frequente como no homem. O desejo homossexual faz parte do ser humano, não de um pequeno grupo, mas em maior ou menor medida em todos os grupos. A homosexualidade não é um acontecimento isolado, é uma forma de ser bisexual humano. É factível postular que a bisexualidade mudou a socialização dos homínidos e converteu o *Homo sapiens* na espécie triunfadora.

Capítulo 1

Machos demoníacos

O antropólogo Wrangham e o escritor científico Peterson (1998), que desde 1971 estudam os primatas , propuseram a teoria do macho demoníaco segundo a qual a conduta social ultra violenta é muito comum entre os machos dos grandes simios e os primates em geral. Segundo esta teoria, a violência encontrar-se-ia profundamente enraizada nos genes de todos os primatas incluindo no dos homens. Para estes autores, os grandes simios: orangotangos, gorilas e chimpanzés que compartilham com os humanos mais de 90% do genoma, são todas espécies com machos demoníacos. Aduzem na sua teoria que o nível de inteligência destes grandes simios tem que ver com as suas posturas agressivas. Todas estas espécies são suficientemente inteligentes para conhecerem a personalidade dos outros membros da sua sociedade e teriam descoberto que o tratamento violento é o que melhor funciona nas relações sociais. A coação nunca seria ao acaso mas seguiriam umas pautas muito marcadas dentro da vida social de cada espécie. Os machos mais violentos são os que melhor comem e os que mais filhos geram. E, desta forma, a crueldade perpetua-se, *ad æternum?*

Para estes autores e para muitos outros os homens partilham com os nossos parentes primatas este lado escuro. E ainda que provavelmente tenham razão no facto de o homem poder chegar a ser violento, em geral no dia-a-dia, não é tão violento como os outros primatas. Em cada comunidade humana normalmente existe uma pequena minoria de homens extremamente violentos. A sociedade em que vivemos é incompatível com a violência extrema que se gera entre os grupos de chimpanzés. Um homem pode estar a passear por um parque, em Barcelona, e passar em frente a um grupo de homens desconhecidos sem que estes se metam com ele. Se um chimpanzé passar por um grupo de machos que não são seus parceiros nem família provavelmente isso teria como consequência ser ferido ou até morto. Pertencemos à família dos primatas, somos inteligentes e, tal como eles, conhecemos a personalidade dos outros membros de nosso grupo e, no entanto, a violência extrema não é lei nas nossas sociedades. O que nos torna tão diferentes sendo geneticamente tão iguais?

Antes de analisar o lado mais violento e escuro dos grandes simios é bom recordar que também têm traços positivos como o companheirismo, a empatía e o altruismo. Temos como exemplo desde comportamento um acontecimento ocorrido há anos num Jardim Zoológico de Brookfield em Chicago. Uma criança de três anos caiu ao fosso onde vivem os gorilas de uma altura de cinco metros. Binti Jua, uma das gorilas que vivia no fosso, salvou a criança pegando-o ao colo e impediu que qualquer outro gorila se aproximasse dele. Depois levou e carregou a criança durante 18 metros até uma das portas do fosso e deixou-a lá para que os funcionários do zoo tomassem conta dela. A criança recuperou totalmente depois de passar quatro dias no hospital. Este livro, no entanto, centra-se sobretudo no lado mais escuro dos primatas, na violência masculina amplamente estudada e observada. Já que é com o chimpanzé que partilhamos grande parte de nosso genoma centrar-me-ei sobretudo nesta espécie

1.1 Gombe, o fim do paraíso

Em 1960 a antropóloga Jane Goodal deslocou-se à Tanzania para estudar os chimpanzés no seu ambiente natural, no Parque Nacional de Gombe; iniciando desta maneira os estudos que lhe dariam o seu reconhecimento internacional. Durante os seus primeiros anos no Parque não observou comportamentos extremamente violentos entre os chimpanzés que foram alvo de estudo. Tudo mudou em inicios da década de setenta quando o grupo de primatas em observação se dividiu em 2 subgrupos diferentes: o grupo original, Kasekela, no norte da cordilheira de Gombe, e o novo grupo, Kahama, a sul. A 7 de Janeiro de 1974 foi a primeira vez que se assistiu a comportamentos violentos entre os chimpanzés. Os chimpanzés vigiam o seu território empregando pequenos grupos de machos. Nessa data pôde-se observar como pequenas grupos de quatro ou cinco chimpancés machos, pertencentes ao subgrupo do norte, que saíam para patrulhar o seu território, acabavam muito frequentemente cheios de sangue, pois para além de defenderem o seu território invadiam o território rival e matavam os chimpanzés que estavam sozinhos ou os mais débis. Estas patrulhas, pouco a pouco, foram matando todos os membros do subgrupo do sul e nem os membros mais idosos do grupo foram respeitados, apenas permitiram viver as fêmeas jovens às quais obrigaram a reintegrarem-se no grupo. O pior de tudo é que estes chimpancés se conheciam, pois antes de se dividirem tinham vivido e brincado juntos, tinham-se abraçado, tinham partilhado a comida e tinham coabitado em certa harmonia. Não eram seres desconhecidos mas ainda assim nem as criaturas mais frágeis foram perdoadas. Se alguém os desculpa pensando que se tinham esquecido uns dos outros enganam-se. Frans de Waal (2007) conta no seu livro, *El mano que llevamos dentro*, que até em catividade os chimpanzés são tão xenófobos como os selvagens. Os cuidadores sabem que não se podem introduzir machos em grupos já formados até que não tenham desaparecido todos os da comunidade, se não querem um banho de sangue. E até em grupos sem machos é difícil a introdução de novos membros masculinos. Num grupo de chimpanzés do Yerkes Primate Center tentaram introduzir novos machos no grupo mas era impossível, as fêmeas atacavam-nos e tinham que os tirar dali antes que os matassem. Só conseguiram introduzir um macho que foi protegido com unhas e dentes por duas fêmeas . Quando se viu a sua ficha comprovou-se que hà quatorze anos atrás este chimpanzé tinha vivido com elas noutra instituição zoológica, antes de chegar a Yerkes, e mesmo assim recordavam-se dele e protegeram-no das outras.

As observações em Gombe descobriram que os chimpanzés de Kasekela não só defendiam o seu território como também atacavam os vizinhos solitários. Para Wrangham e Peterson (1998) era como se os chimpanzés procurassem estes encontros agressivos com os machos vizinhos, pois quase sempre se observavam incursões de ataque. Por ocasiões introduziam-se até quase um quilómetro nas terras do grupo vizinho de Kahama. A comida, usada às vezes como desculpa, não serve de pretexto para estes ataques, já que durante estas lutas sempre descartam comer. Os grupos de patrulha ou asaltantes que costumavam ser bastante grandes estavam formados por machos adultos, ainda que em ocasiões se tenha unido alguma fêmea. As patrulhas vigiavam a zona fronteiriça ouvindo e observando. Se encontravam machos isolados e solitários ou pequenos grupos mais débis atacavam-nos com consequências fatais. Estes autores foram testemunhas de vários destes ataques e narraram como ocorreram. No primeiro, três machos e uma fêmea adultos de Kasekela descobriram Dê, um chimpanzé macho, isolado perto de uma fêemea jovem. Os machos rodearam-no e atacaram-no entre enormes grunhidos, ameaçando a fêmea jovem para que não interviesse. Dê tentou fugir subindo a uma árvore mas, ao fugir e ao saltar para outra árvore o ramo partiu-se e ele fico pendurando. Um dos machos de Kasekela saltou e agarrou a sua pata, e com ajuda dos outros três machos deitaram-no ao chão. Finalmente, ao estar no solo, a fêmea juntou-se ao grupo e os quatro esmagaram-no, saltando-lhe para cima, dando-lhe patadas e mordendo-o durante vinte minutos até que o deixaram inconsciente com a pele e a carne rasgadas. Depois obrigaram a jovem fêmea a unir-se ao seu grupo e regressaram ao seu território. Dê morreu poucos dias depois. Um ano depois encontraram-se com Goliat um macho que há cinco anos atrás tinha feito parte do grupo de Kasekela. Goliat não era nenhuma ameaça para os seus agressores já que era um macho velho e encorvado de dentes desgastados mas o seu destino foi tão cruel como o de Dê. Quando o grupo asaltante encontrou Goliat indefeso atacou-o. Ao princípio tentou proteger a cabeça mas depois rendeu-se, mas não adiantou.Os seus agressores arrancaram-lhe as unhas à dentada, arrancaram-lhe um membro e golpearam-no durante dezoito minutos e depois deixaram-no a sangrar, com feridas na cabeça e com as costas rasgadas, para que morresse. Um a um foram exterminando todos os machos de Kahama, seis ao todo, até que só ficou um macho adolescente com cerca de dezessete anos chamado Sniff, que quando era pequeno tinha brincado com muitos deles. Sniff teve o mesmo destino que os seus colegas de Kahama. Neste caso sentaram-se sobre ele e imobilizaram-no.Imóvel e indefeso foi golpeado e rasgado à dentada pelos outros machos. Com uma dentada rasgaram-lhe a traqueia e o sangue que jorrou da ferida foi bebido por outro macho da sua idade. Quando acabaram estava mais morto que vivo. Depois de matarem todos os machos, atacaram e mataram as fêmas adultas com golpes, enquanto que foi permitido às femas jovens integrarem-se no grupo. Finalmente, após terem expandido o seu território, um grupo vizinho de chimpanzés desconhecidos atacou-os e, desta vez, houve vítimas na comunidade de Kasekela. O ciclo violento parecia não ter fim.

Estes ataques não aconteceram só no Parque Nacional de Gombe. Observadores japoneses do grupo de Toshisada Nishida viram toda uma comunidade de chimpanzés desaparecer no Parque Nacional de Mahale, em cerca de uma década. Em toda a África desapareceram grupos inteiros de chimpanzés de forma violenta na mãos dos seus vizinhos. Se um chimpanzé macho solitário se encontra com uma patrulha de vizinhos isto constitui uma morte segura, brutal e violenta (de Waal 2007).

Os machos vivem para sempre nos grupos em que nasceram, a não ser que o grupo se extinta. A xenofobia entre os chimpancés é inquestionável: é impossível introduzir um macho num grupo cativo já formado ou chimpanzés criados em catividade na selva. A violência dos outros chimpanzés poderia acabar rapidamente com eles.

1.2 Relações intergrupais

O zoológico de Burger em Arnhem (Holanda) tem a maior comunidade de chimpanzés cativos do mundo. O primatólogo Frans de Waal (1993) descreve como na década de setenta se desencadeou uma luta maquiavélica pelo poder que terminou com a deposição no comando de Yeroen, o macho alfa dominante. Luit esteve a tentar durante cinco anos até conseguir o seu objectivo. Luit não conseguiu atingir o posto de macho dominante sozinho nem pela força, precisou da ajuda de um aliado Nikkie, um macho de menor idade. Numa manhã de Waal foi chamado de urgência pela sua enfermeira. Ao chegar encontrou Luit, semi insconciente, coberto de sangue e com a pele rasgada. Estava cheio de feridas por todo o corpo, na cabeça, nas mãos e nos pés, mas o pior de tudo é que lhe tinham arrancado os testículos à dentada. Luit foi levado de urgência à enfermaria e apesar de ter sido submetido a uma cirurgia não sobreviveu, as feridas tinham-no matado. O poder de Luit tinha terminado de forma abrupta e sangrenta. Enquanto Luit se converteu em macho alfa assumindo todo o poder da colónia, Nikkie aliou-se com o macho alfa deposto na contramão do novo alfa, esta aliança teve como resultado o assassinato de Luit. É normal que no decorrer das lutas masculinas todos os chimpanzés acabem com marcas e com várias cicatrizes, mas apenas pontualmente as consequências são fatais. A deposição de um macho alfa pode acabar com a morte deste, pois se o anterior estiver vivo pode revoltar-se, aliar-se com outros machos e atacar o macho alfa para recuperar o comando. Ser macho de chimpanzé não deve ser nenhum sonho. Todos os primatas vivem em mundos sociais muito complexos onde há amigos, inimigos e relações. Ainda que possa parecer que a inteligência é um factor atenuante na violência, na realidade não é. Segundo Wrangham e Peterson (1998) a inteligência da espécie é a causa, não o factor amortecedor. Quando os animais são o suficientemente inteligentes para conhecer a personalidade dos outros, com os seus defeitos e as suas virtudes, podem-se criar intrigas e manipular com um fim determinado. A violência numa relação é o que produz maiores rendimentos: mais comida, poder absoluto, melhores fêmeas e mais filhos. O sucesso reproductor dos mais violentos está assegurado, pelo que estes primatas vivem num círculo de violência sem fim.

1.3 Relações entre bonobos

O sexo é o verdadeiro amortecedor da violência entre os bonobos. Neste grupo de chimpanzés pigmeus dominam as fêmeas. Frans de Waal (2007) conta-nos que a agressão não está ausente nestes primatas, e em cativdade a agressão contra os machos é um problema cada vez maior e mais frequente. Na sociedade dos bonobos, onde o poder é matriarcal, a hierarquia dos machos está unida à hierarquia das suas mães. Os bonobos são menos agressivos que os chimpanzés mas não são nenhuns anjinhos, e quando as fêmeas atacam as coisas ficam feias para o macho. Mas a violência nos bonobos nunca chega a ser dramática, como sucede com os outros chimpanzés. Geralmente as tensões acalmam-se antes de começarem os conflitos devido ao factor sexual. O sexo amortece a violência e esta vê-se imediatamente e claramente diminuída. Os encontros sexuais são muito frequentes. Contaram-se, e são normais, seis em apenas duas horas ou setecentos durante todo um Inverno (de Waal 2007). O sexo diminui a violência nesta espécie ainda que qualquer líder religioso prefira a violência.

1.4 Machismo
Os humanos são em regra geral bastante machistas, mas nada têm que ver com os nossos parentes primatas. Segundo Wrangham e Peterson (1998) um macho adulto de chimpanzé ingressa no mundo masculino através da violência. O jovem passa a sua idade adulta golpeando cada fêmea do grupo, pisando-a, atacando-a e abocanhando-a até que as consiga dominar a todas. Nunca é uma violência tão brutal como a que ocorre entre os machos, aqui nunca há mortes e raramente ficam feridas, mas a coerção violenta só pára quando as fêmeas se submetam ao macho.

Como vimos no parágrafo anterior, nos bonobos é o macho que sofre a ira das fêmeas. No passado os zoológicos costumavam trocar machos bonobos entre si para serem criados com as fêmeas Quando o macho chegava ao novo zoo era recebido num ambiente tão hostil que certamente preferia não ter nascido. Tinham de ser devolvidos ao seu local de origem. As fêmeas bonobos também são capazes de utilizar a violência (de Waal 2007).

1.5 Os chimpanzés gostam de carne
Os chimpanzés caçam. Segundo Frans de Waal (2007) formam uma quadrilha alvoroçadora e saem para caçar. Ele relata como uma vez estava sentado sob uma árvore no que vários machos adultos e hembras em estro estavam a repartir a carne de um colobo, um macaco arbustivo, que estava ainda vivo e grunhia. No dia seguinte um jovem chimpanzé brincava com a cauda do pequeno macaco. O pior não é o facto de caçarem, mas sim de repartirem a carne do pequeno macaco quando ainda estava vivo e grunhia.

Ao que parece os chimpanzés são muito aficionados à carne. E segundo de Waal (2007) o tema torna-se muito sério quando se trata de carne humana. Frodo, um chimpanzé que tinha perdido o respeito das pessoas, roubou um bebé de quatorze meses das costas de uma menina que atravessava o Parque Nacional com uma mulher mais velha. Quando encontraram o chimpanzé ele estava a devorar o bébé que já se encontrava morto. Nas proximidades de Uganda este problema, o do roubo de bébés por chimpanzés com o objectivo de comer a sua carne, converteu-se em praga e os bebés que viviam próximos do Parque eram evacuados inclusive das suas casas. Os chimpanzés são bem mais fortes do que qualquer humano e sem meios de defesa as pessoas ficam indefesas.

1.6 Violações nas selvas de Borneo

O orangotango é um dos outros quatro grandes simios, juntamente com os gorilas, chimpanzés e bonobos, mais próximos da linha evolutiva ao ser humano. Entre os orangotangos há um claro dimorfismo sexual com grande diferença de tamanhos entre machos e fêmeas. A presença de machos adultos dominantes atrasa o crescimento dos machos mais jovens fazendo com que o desenvolvimento seja interrompido numa estratégia evolutiva adaptativa. Nos zoos os machos adultos são muito agressivos com os adolescentes, na natureza encontram-se dispersos e os encontros e a agressividade são menores. Segundo Mitani (1985) a grande maioria das fêmeas de orangotango são só receptivas aos machos adultos bem maiores que elas. O estudo dos orangotangos em liberdade mostrou um comportmaneto desagradável destes primatas. Os machos mais jovens têm filhos forçando as fêmeas contra sua vontade a ter sexo, violam-nas. As fêmeas em estro querem copular com um macho adulto de grande tamanho e resistem energicamente às relações sexuais com estes machos imaturos, mas eles mordem-nas e forçam-nas até que se submetem aos seus desejos sexuais de procriação. Os machos jovens e os adultos sem território próprio vagueiam à procura de fêmeas em estro. Quando encontram uma fêmeas, seguem-na e atacam-na até que se ela se renda e deixe de se opor ou até que o chefe do território seja atraído pellos grunhidos da fêmea (Mitani 1985). John

Mitani e os seus ajudantes ao estudar os Orangotangos em Borneo em princípios dos anos 80 descobriram que a imensa maioria das copulas produzidas entre fêmeas em estro e machos jovens ou adultos sem território são realizadas através de violações.

Em ocasiões os chimpanzés também forçam as fêmeas em estro para que tenham sexo com eles mesmo sem querendo.

1.7 Infanticídio entre os gorilas

A maior parte dos gorilas são silenciosos, calmos e afectuosos entre si. Eles vivem em grupos encabeçados por um macho adulto denominado de "lomo plateado", por várias fêmeas e pelos gorilas jovens. Os gorilas são mães delicadas e pais tolerantes. Dian Fossey foi a primeira a descrever o infanticidio entre os gorilas de montanha na reserva de Virunga, na África Central. A agressão dentro do grupo é rara mas quando acontece um encontro com outro grupo as coisas mudam. Os machos alfa fazem demonstrações da sua força através de intimidações, o que pode ser suficiente para dar lugar a um confronto ou morte entre os "espaldas plateadas". As fêmeas estão totalmente subordinadas ao macho dominante. Os filhos machos serão expulsos do grupo logo que cheguem à idade adulta e vaguearão pela floresta à procura de uma ou mais fêmeas para formar um novo grupo (Fossey 1985). O "lomo plateado" é o centro da sociedade gorila, e quando este morre por doença, acidente ou por causa da caça, o clã perde o seu motor é tremendamente afectado. Quando um novo macho de "lomo plateado" chega ao grupo mata todos os descendentes do macho anterior. Dian Fossey ,ao morrer nas mãos de caçadores furtivos, tinha no seu centro de investigação 50 gorilas jovens, 38% deles morreram antes dos 3 anos e 37% foram vítimas do infanticidio. Segundo a estatística, cada fêmea de gorila verá morrer pelo menos um dos seus filhos nas mãos de um "espaldas plateadas" (Wrangham e Peterson 1998). Para Wrangham e Peterson (1998) o perigo de infanticídio aumenta sem a presença de um macho alfa protector, e se este desaparece os seus filhos serão sacrificados pelo novo macho. O caso mais peculiar é que as femas cujos filhos morreram unem-se ao seu assassino de maneira voluntária. As fêmeas de gorila são livres de sairem do grupo se o desejarem, e cedo terão um bebé com ele. As fêmeas sentem-se mais atraídas pelos machos infanticidas. O infanticídio torna o assassino atractivo, o que provoca que em casos de grupos com macho protector outros machos tentem também o infanticídio; isso sim, com possibilidades escassas. Segundo estes autores as fêmeas estão presas pela lógica da violência, um macho demonstra que pode ser um bom protector matando os filhos do seu antecessor. Seria a sua maneira de dizer às fêmeas que são totalmente vulneráveis e que necessitam delas, mas com o tempo beneficia o assassino que incrementa a sua capacidade de gerar descendentes.

O infanticídio não só é comum entre os gorilas como também acontece entre chimpanzés e em outras 15 espécies de macacos.

1.8 Somos assim tão demoníacos?

Para Wrangham e Peterson (1998) os abraços, beijos e os sinais de carinho entre os simios são tão elaborados como o uso que fazem da força bruta. E isto acontece porque a inteligência converte o afecto em amor, e a agressão violenta em castigo e controle. Os indivíduos que fazem uso da violência comem melhor que os restantes, ordenam e mandam mais sobre os outros e, para além disso, têm muitos mais filhos. É necessário que o animal seja o suficientemente inteligente para conhecer a personalidade dos outros, só assim a conduta violenta pode ter semelhante impacto. E ainda que possa parecer chocante, quanto maior a inteligência dos simios maior a violência. Os humanos são primatas mais inteligentes que os chimpanzés e no entanto nas nossas sociedades, na maioria dos casos, não se dão condutas tão violentas.

Na espécie humana, a bisexualidade seria o factor amortecedor da violência. A bisexualidade faz com que a maioria dos machos humanos não sejam tão violentos como os seus parentes e como a sua intelêgencia lhes correspondesse. Mesmo assim uma pequena minoria dos homens seria violenta por natureza, os Kinsey de grau 0 poderiam ser tão violentos como os nossos parentes chimpanzés. A bisexualidade que amortece a violência masculina é a catapulta que permitiu socializar a nossa espécie. Sem este potente amortecedorr todas as conquistas sociais conseguidos pela humanidade tinham sido praticamente impossíveis: como colaborar, pesquisar, cultivar ou construir num meio de violência tão constante e cruel?

Segundo Gwynne Dyer (2007) os exércitos sempre assumiram que um soldado mataria em combate para defender a sua vida, mas ao fazer pesquisas, durante a Segunda Guerra Mundial, o que sucedia na realidade era que as coisas não eram tão simples. Só uma pequena percentagem de soldados, 1 em cada 7, não teria objeções para matar o outro ser humano, mas a grande maioria, 6 em cada 7, inclusive nas condições reais da batalha, preferia não o fazer. Para acabar com esta resistência sobre matar, os exércitos têm de ensinar os seus soldados, mas os ensinamentos têm um custo muito elevado: um forte stree póstraumático que destabiliza a pessoa física e mentalmente. Por tanto há que reformular muitos dos factos que conhecemos pelo cinema como históricos já que na realidade são documentos histéricos e irreais manchados de sangue. Segundo Dyer (2007):

"Os homens matam quando os obrigam, mas na sua grande maioria esses homens não são assassinos natos. Talvez seja significativo referir que a força aérea dos Estados Unidos descobriu durante a Segunda Guerra Mundial que menos 1% dos seus pilotos de guerra se tinham tornado "ases", a maioria dos pilotos de guerra nunca derrubavam ninguém. Os pilotos de guerra voam quase todos em aviões de um lugar onde ninguém pode observar de perto o que estão a fazer e, ainda durante a Segunda Guerra Mundial, podiam ver frequentemente que dentro do avião inimigo havia outro ser humano".

A homofobia está amplamente instalada na nossa sociedade, mas se não existissem homossexuais, se apenas fossemos bisexuais, não seríamos humanos, pois ao sermos mais inteligentes que os chimpanzés obrigatoriamente deveríamos ser ainda mais violentos. Não esqueçamos que para Wrangham e Peterson (1998) a inteligência converte o afecto em amor mas também a agressão violenta em castigo e controle.

O bonobo pansexual (50% bisexual) precisa de sexo social para atenuar o seu comportamento violento. Nos humanos, como nos bonobos, o sexo tem mitigado a violência, o modelo da bisexualização graduada de Kinsey permite uma multidão de machos pouco violentos. Sem bisexualização os conflitos entre homens seriam intermináveis. E as relações violentas ter-se-iam prolongado indefinidamente no tempo como os nossos parentes primatas. Seriamos mais neandertales que humanos. Se hoje podemos entrar num comboio ou num avião cheio de homens e mulheres desconhecidos é porque a violência no nosso grupo de primatas está mitigada. Para a primatóloga Sarah Blaffer Hrdy (2009) um chimpanzé teria muita sorte se, ao descer de um comboio, se despedisse de um grupo de desconhecidos e ficasse com todos os dedos das mãoes e dos pés no seu lugar.

Capítulo 2

A bisexualidade humana

Nas eleições presidenciais dos Estados Unidos em que Obama foi eleito, votou-se também em alguns estados, como a Califórnia e a Flórida, para o casamento homossexual. A proposta 8 determinava a inclusão de um parágrafo na Constituição do estado que redefinaria a união homossexual, com a intenção de proibir o casamento entre pessoas do mesmo sexo, já que na Califórnia o casamentol homossexual era legal por decisão do Tribunal Supremo Estatal.. Keith Olbermann, um jornalista e comentador político, lançou no seu programa televisivo uma pergunta inteligente e directa a todos aqueles que votaram no referendo a favor da proposta 8: Por que te importa tanto tudo isto? A pergunta acertou no alvo; encerra toda uma filosofia, uma forma de entender a vida das pessoas comuns . Por que é que aos heterosexuais lhes importa tanto o que fazem os homossexuais? Talvez a maioria das pessoas tenha medo de ser "infectado" e de se tornar homossexual?

A homossexualidade está presente em todos e em cada um dos grupos humanos. As práticas homossexuais existem desde os tempos mais remotos da humanidade, em todas as épocas e em todas as civilizações. Devido a isto sempre parece que aparece sorrateiramente como um clandestino estranho. Toda a gente tem um irmão, primo, amigo ou conhecido homossexual, mas mesmo assim a atração pelas pessoas do mesmo sexo converte-se num doloroso estigma, invisível para todos os homossexuais, tão pesado como as estrelas de cor rosa, cosidas à roupa, que luziam nas roupa dos gays nos campos de concentração nazis.

Por que é que o fenómeno homossexual é tão universalmente recusado? Com uma implantação tão grande e uma distribuição tão universal, o normal seria que as pessoas não se preocupassem com algo tão privado como saber com quem se dorme. Durante muito tempo esta pergunta rondou a minha mente, ao princípio pensei que podia estar relacionado com a religião católica com a qual tinha sido educado, pois todas as religiões actuais sentem um medo irracional à homosexualidade que para a maioria é um grande pecado. Logo cheguei à conclusão que não é a homosexualidade dos outros que chateia, mas sim a parte da homosexualidade própria, a vontade de escapar, definitivamente o medo de uma possivel parte da pessoa que está lá que e não se compreende.

2.1 Relatório Kinsey

A reposta ás minhas perguntas tinha sido publicado há muitíssimos anos, muito antes de eu nascer.A resposta existia desde 1948 e mesmo assim ninguém parecia tê-la entendido na sua totalidade.

Devemos a resposta a Alfred Charles Kinsey e aos seus colaboradores. Kinsey começou como professor auxiliar de zoología na Universidade de Indiana em 1920, e converteu-se num zoólogo de grande reconhecimento internacional pelos seus estudos sobre as vespas fel (examinou em média 35.000 exemplares). Para além disto dirigiu várias explorações biológicas na América Latina. Em 1938, a Universidade de Indiana propôs-lhe que coordenasse um curso sobre os aspectos biológicos do casal. Este acontecimento mudou o rumo das suas investigações e iniciou uma investigação sobre a sexualidade humana. Os seus estudos sobre o sexo nos humanos, financiados pela Fundação Rockefeller, duraram muitos anos. Durante todo este tempo, Kinsey e os seus pesquisadores realizaram 18.000 entrevistas pessoais a homens e mulheres dos Estados Unidos. Todo este imenso trabalho foi publicado em dois livros que apareceram em 1948 e 1953. O primeiro, que falava sobre a sexualidade masculina, entitulava-se *O comportamento sexual no homem* e teve grande sucesso entre o público. O segundo, centrado na sexualidad feminina, foi entitulado *O Comportamento sexual na mulher*.

O relatório Kinsey sobre a sexualidade masculina é um documento baseado em 6300 entrevistas pessoais realizadas a homens (5300 deles de raça branca) em diferentes partes dos Estados Unidos da América. O impacto do relatório Kinsey continua e mantém-se na actualidade. O número de dados é suficientemente grande para pressupor que todos os seus resultados são estatisticamente muito significativos. Naquela época, a Associação Americana de Estatística fez um relatório evaluativo da metodología usada por Kinsey, o relatório não só era favorável aos métodos empregados como também expressava a sua admiração pelo excelente trabalho. No seu tempo não existiam os métodos probabilísticos que hoje em dia eram considerados imprescindiveis para garantir a fiabilidade dos inquéritos sociológicos, pelo que os sociólogos actuais propõem sérias objeções aos resultados obtidos.

2.2 Escala de Kinsey

Uma das grandes conclusões do relatório, independentemente do número de homossexuais na população, é a graduação sexual. Pela primeira vez fez-se uma escala sobre a heterosexualidade-homosexualidade em sete graus, onde o extremo, o grau 0, manifestava uma heterosexualidade completa sem rodeios, e o outro extremo, o grau 6, uma homosexualidade exclusiva. Kinsey escreveu:

"Em relação aos modelos de conduta sexual, muitas das reflexões que tanto os científicos como os homens de leis fizeram fundamentam-se na presunção de que as pessoas são "heterossexuais" ou "homossexuais", que estas duas espécies são antitéticas no mundo sexual, e que há um grupo insignificante de bissexuais que ocupam uma posição intermédia. Com os casos do nosso estudo, no entanto, fica claro que a heterosexualidade e a homosexualidade de muitas pessoas não é uma questão de tudo ou nada. É verdade que algumas pessoas têm uma história exclusivamente heterossexual, tanto nas suas experiências físicas como nas suas reacções psíquicas; do mesmo modo, há pessoas exclusivamente homossexuais, tanto nas suas experiências físicas como nas suas reacções psíquicas. Mas os nossos dados mostram que há uma proporção considerável de população cujas histórias combinam a heterosexualidade e a homosexualidade. Em alguns, as experiências heterossexuais predominam, noutros predominan as experiências homossexuais, e outros têm uma experiência bastante igual num e noutro sentido.

Portanto os homens não se dividem em dois grupos de população diferentes (os heterossexuais e os homossexuais), como distinguimos as ovelhas das cabras. As coisas não são brancas ou pretas. Ao empregar a taxonomía é importante compreender que a natureza raramente se deixa classificar por categorias. É a mente humana que inventa categorias e força a realidade para se encaixarem nelas. Na vida real, há uma continuidade entre um e outro extremo. Quanto mais cedo entendermos este aspecto da conduta sexual humana, mais cedo atingiremos um entendimento real da sexualidade.

Para dar conta desta continuidade entre os dois extremos da escala (as histórias exclusivamente heterossexuais e as exclusivamente homossexuais) pareceu-nos conveniente desenvolver uma espécie de classificação que reflicta os diferentes graus de experiência ou resposta heterossexual e homossexual de cada história. A cada indivíduo poder-se-ia atribuir uma posição na escala, em cada etapa da sua vida, de acordo com as seguintes definições e tendo em conta tanto as experiências físicas como as reacções psicológicas".

Apesar de terem passado mais de 60 anos desde a publicação do relatório, muito poucos estudos se centraram na clara bisexualidade expressada na escala. O famoso 10% de população homossexual nublou tudo e impediu uma visão global da mesma.

O medo patológico à homosexualidade empregada durante séculos pelas religiões e assimilado como dogma de fé pela sociedade, apagou toda uma possível visão imparcial do relatório. Se estudamos sem preconceitos a escala observámos que a sexualidade no homem está claramente graduada. Do estudo desprende-se que os humanos não se dividem em dois grupos de população diferentes(os heterosexuais e os homossexuais) mas que a sexualidade está dividida em graus, e que cada indivíduo poderia encaixar-se num destes graus em cada etapa da sua vida. A grande conclusão da mensagem é que, no homem, a sexualidade é muito complexa.

Segundo Kinsey *et al.,* (1948) a escala sexual pode resumir-se no seguinte esquema:

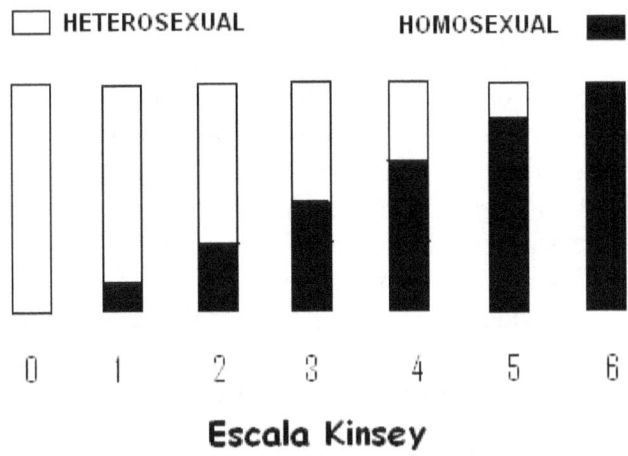

Escala Kinsey

0. Exclusivamente heterossexual.
1. Predominantemente heterossexual e acidentalmente homossexual.
2. Predominantemente heterossexual e com experiências homossexuais.
3. Tanto heterosexual como homossexual.
4. Predominantemente homossexual e com experiências heterosexuais
5. Predominantemente homossexual e acidentalmente heterossexual.
6. Exclusivamente homossexual.

2.3 Reinterpretando a escala sexual

A sexualidade humana está compartimentada, não é a clara monosexualidade animal da maioria dos primatas. Nos seres humanos a sexualidade é muitíssimo mais complexa. A interpretação da graduação de Kinsey permite englobar a sexualidade humana numa complexa bisexualidade heptaseptada, tabicada em sete sexualidades diferentes. Uma escala que nos mostra o ser humano, em geral e no seu conjunto como bissexual.

A bisexualidade não deve ser entendida como uma atração igualitária pelos dois sexos, este seria só um dos seus graus, que seguindo a classificação empregada por de Waal (2007) denomina-se em todo o documento como pansexualidade. A bisexualidade humana é bem mais ampla que a pansexualidade, é na realidade uma soma de atrações. Por exemplo, um indivíduo de grau 2 na escala Kinsey seria uma pessoa bissexual com 2 partes homossexual (33,33%) com 4 partes heterossexuais (66,67%) de um total de 6 partes (100%). É quase seguro que este indivíduo se comporte como um heterossexual puro pela influência social, mas independentemente do grau de atração sexual por mulheres ou homens, o indivíduo bissexual de grau 2 é evidentemente muito diferente do indivíduo de grau 0, e ainda que ambos pareçam praticamente iguais relativamente aos seus sentimentos de atração pelo sexo feminino, o primeiro será mais sensível e menos agressivo que o segundo.

A sexualidade humana torna-se assim muito complexa, não existem só os dois grupos ou três grupos que a maioria da população assume, mas sete. O ser humano não é monossexual, como a grande maioria dos animais do planeta. O ser humano possui uma sexualidade mais rica e mais ampla. Uma sexualidade que não é a preto e branco, mas que se divide numa grande variedade de fragmentos, tantos como as cores do arco íris. E só nos extremos que se dá uma sexualidade clara.

A bissexualidade não só comportará um grau de atração por indivíduos do mesmo sexo, o que socialmente está muito condicionada, mas sobretudo, e fundamentalmente, por um grau de feminização ou masculinização dentro de cada sexo. Somos uma espécie com um dimorfismo sexual bastante marcado, onde os cérebros masculino e feminino são diferentes. A bissexualidade graduada dará um grau maior ou menor de feminidade ou masculinidade aos indivíduos dentro do seu grupo, mas uma pessoa de grau 6 na escala de Kinsey nunca será um homem mas uma mulher com traços mais masculinos que o resto dos suas colegas, ou vice-versa. A bissexualidade não cria fêmeas entre os machos nem machos entre as fêmeas mas permite que ambos sexos tenham dentro do seu grupo uma visão do mundo próxima à do contrário.

Em respeito ao grau de violência e sensibilidade, um homem situado no grau 0 da escala será tão ou mais violento que um chimpanzé, relativamente a um situado no grau 2 da escala que terá uma parte importante de carga feminizante pelo que o seu grau de violência será muitíssimo menor e tenderá a ser mais sensível. No entanto, com toda a probabilidade, ambos os indivíduos na nossa sociedade só se sentirão atraídos por mulheres e passam ambos como heterossecuais. Na realidade não são dois indivíduos heterossecuais iguais, mas dois indivíduos diferentes pertencentes a diferentes escalas. Nas sociedades antigas menos homófobas como a Grécia e Roma na época Clássica, as relações bissexuais eram muito comuns, como veremos no capítulo seguinte. Em teroia os homens heterossexuais separados das mulheres por um longo período de tempo acabavam relacionando-se sexualmente com outros homens. No entanto, porque é que os chimpanzés na mesma situação nunca o fazem?

Para além disso, os homens heterosexuais que, pelas razões que sejam, acabam mantendo relações sexuais com outros homens, geralmente acabam criando um vínculo afectivo como os outros casais. Heinz Heger (2002) no seu livro *Os homens do triângulo rosa* conta as suas vivências em vários campos de concentração Alemães durante a Segunda Guerra Mundial. Ele descreve como os guardas de cada barracão mantinham relações sexuais com miúdos entre os 16 e os 20 anos, aos que chamava "peluches" ou "bonecos", com a aprovação geral dos outros internos e dos guardas das SS. Durante os anos de cativeiro um destes "peluches", graças aos vínculos gerados nestas relações, conseguiu salvar a sua vida várias vezes. Segundo conta Heinz Heger (2002) a maior parte dos decanos do bloco e supervisores dos prisioneiros, usavam um jovem como servente, ao qual chamava de "miúdo da limpeza" ainda que geralmente a função principal destes rapazes era servirem de amantes, isto é, deviam partilhar a cama com o seu chefe e ser solícitos com ele. Estes jovens geralmente tinham entre 16 e 20 anos e contavam sempre com a protecção do seu amigo entre os notáveis. Os presos que usvam um o triângulo rosa eram, aos olhos dos outros uns "maricas de merda", mas os mesmos presos que os insultavam e os condenavam com estas palavras não pareciam demasiado perturbados com relações homossexuais que os chefes do bloco e supervisores mantinham com os rapazes Polacos. Aceitavam-no com naturalidade limitando-se a sorrir, inclusive com aprovação, e muitos oficiais das SS partilhavam esse ponto de vista, pois é evidente que sabiam o que sucedia.

Assumimos para a nossa espécie uma sexualidade monosexuada muito diferente da que o relatório Kinsey assume, e que a própria sociedade deixa antever. Esta visão focalizada forçadamente nos extremos parece desmentir a própria escala. Mas se discriminarmos individualmente, caso a caso, veremos que tal homogeneidade, na realidade, é mais aparente que real. Esta monosexualização é só uma miragem imposta pela sociedade. A sexualidade humana pode ser aparentemente monosexual nas experiências físicas das pessoas, condicionada pela sociedade, mas nas suas reacções psíquicas não o é. Não é o mesmo ser um macho de grau 0, ou ser um macho de grau 3 na escala de Kinsey, provavelmente na nossa sociedade ambos actuam sexualmente como heterossexuais exclusivos e só sentem atração por indivíduos do sexo oposto, mas psicologicamente deveriam ser muito diferentes, quase tanto como a noite e o dia. É sumamente provável que na nossa sociedade um macho de grau 4 se comporte, nas suas experiências sexuais, como totalmente heterosexual, independentemente de pontualmente poder sentir uma atracção sexual por um individuo do mesmo sexo, como um desvio satánico, que pode e deve refrear. Mas nas suas reacções este indivíduo será muito diferente, no seu comportamento, de um macho de grau 0, um macho extremo. É de prever que no seu conjunto a sociedade deveria ser exclusivamente heterossexual, o mais agressivo, o mais incomprendido e humilhado, o pior pai e o pior amante; sempre o macho mais brutal e violento.

A socialização, esse processo mediante o qual os indivíduos aprendem e interiorizam o conjunto de normas, valores e formas de perceber a realidade pertencentes à sociedade e cultura em que vivem, modela os indivíduos, como veremos nos capítulos posteriores. Através do vai e vem da socialização, aparentemente pode dar a sensação de que existem somente dois grupos de indivíduos, um enorme que inclui os heterosexuais e um outro mais pequeno que engloba os homossexuais, mas esta visão é errada, mais aparente que real, e desaparece quando se estuda o indivíduo e não o seu conjunto.

Talvez seja a socialização que esconde as lésbicas no "caixote" da inexistência (mais que os gays). Ao procurar bibliografía para tratar com igualdade ambos os sexos tive que desistir pois os conteúdos sobre ambos os sexos são dispares. Por culpa da pressão social inerente a cada cultura, o indivíduo só ensina uma parte de si mesmo. Isto não significa que a pessoa se esconda, mas que a pressão social inibe inconsciente e voluntariamente uma parte da sua sexualidade. Portanto os dados que se fixam só no aspecto físico da sexualidade, no meu entender, podem estar enviesados porque nenhuma das sociedades em que vivemos é sexualmente livre.

Gutmann (1996) realizou um completo estudo de observação sobre a paternidade nos homens tipicamente "machos" na Cidade do México. Estes "machos" definiam-se como muito masculinos,eram os chefes de sua casa e tinham aversão a qualquer tarefa considerada feminina. No seu estudo Gutmann observou se se comportavam tal como a sua sociedade espera deles: distantes e autoritários com os seus filhos. Mas na sua casa, sem a pressão social do mundo exterior, a sua conduta mudava; eram atenciosos com os seus filhos e muitos deles até lhes mudavam as fraldas, embalavam-nos e davam-lhes o biberão.

Na nossa sociedade, onde a homossexualidade é socialmente recusada, os grupos exclusivamente homossexuais têm tendência a serem reduzidos ao máximo e só se comportam como gays os machos de grau 5 e 6 e as fêmeas de grau 6 da escala de Kinsey. Uma das coisas que mais me chocou quando visitei a cidade de Toronto foi que havia muitas mais lésbicas que em Barcelona. Ao serem bissexuais não significa que os homens não possam fazer como Julio Cessar, que era o exemplo perfeito de um pansexual. Nas palavras de Curión ele era: "marido de todas as mulheres e mulher de todos os maridos".

Por isto, e dada a importância deste fenómeno, é bom fixarmo-nos no aspecto não físico mas no psicológico. É neste âmbito que o homem se pode mostrar absolutamente ou quase absolutamente livre. Não se trata de ter sonhos eróticos com outros homens mas de mostrar atitudes que, em princípio, em outras espécies estão reservadass quase em exclusivo às fêmeas ou aos machos. Geralmente os machos, na maioria das espécies de mamíferos, não cuidam das suas crias e as fêmeas em geral não lutam. Quando vemos num qualquer parque de uma grande cidade um pai a ter gestos de carinho para com os seus filhos não estaremos a ver uma parte de feminidade que sexualmente estará sempre inibida? Quando obedecemos, ainda sendo homens, à nossa mulher não estamos a viver um processo de subordinação que nos outros simios, como nos chimpanzés, orangotangos ou gorilas, é claramente masculino? Ainda que talvez estes não sejam os melhores exemplos do mundo servem para defender que a sexualidade humana não é apenas física, também tem um carácter psicológico que é mais importante que o físico.

2.4 Cérebros diferentes

Para a Doutora Louann Brizendine (2007) os cérebros das mulheres e dos homens são muito diferentes, inclusive em relação ao tamanho corporal de ambos sexos onde o cérebro masculino é 9% maior. Esta diferença não significa uma menor capacidade mental pois devido às diferenças de tamanho ambos os cérebros contêm o mesmo número de células, agrupadas mais densamente nas mulheres. As diferenças cerebrais convertem as mulheres em mulheres e aos homens em homens. E as hormonas ajudam com os seus importantísimos efeitos neuronial sobre os cérebros masculino e feminino.

Para Brizendine (2007) o cérebro está tão profundamente afectado pelas hormonas que se pode se dizer que a influência destas cria uma realidade feminina ou masculina. Os homens têm mais processadores na área da amígdala que regista o medo e dispara a agressão. A mulher reage como se estivesse em perigo de sofrer uma catástrofe por acontecimentos que escapam à percepção do cérebro masculino. Quando o estrógeneo invade o cérebro feminino, as mulheres centram-se nas suas emoções e na comunicação. Por sua vez, quando a testosterona invade o cérebro masculino, os homens tornam-se menos comunicativos, e tornam-se loucos por sexo e por conseguir conquistar mulheres. Por conseguinte, parece claro que homens e mulheres têm cérebros bem diferenciados. Durante milhões de anos os cérebros de ambos os sexos evoluíram de uma forma diferente, portanto não se pode pretender que a bisexualização converta os homens em mulheres e vice-versa. A bisexualização tem lugar dentro de cada género, não se pode saltar a biologia, ainda que a transexualidade se lhe salta. Portanto gays e lésbicas não são transgéneros: são homens e mulheres com sensibilidades particulares dentro do seu grupo. No caso dos transexuais, mulheres ou homens em corpos estranhos, acho que a explicação deveria ser ainda muitíssimo mais complexa.

2.5 A sexualidade humana é complexa

Nos humanos a sexualidade não é monocromática como a do chimpanzé, é policromática e complexa. E talvez na mesma medida onde se vê ampliada a sexualidade se veja diminuida a violência. O macho dos grandes simios é, em geral, muito violento e cruel, o homem de forma individual é o muito menos. A sexualidade humana também é bem mais rica que a de qualquer dos nossos parentes primatas, salvo a excepção do bonobo. Estamos tão acostumados a viver a bisexualidade e a sexualidade como normais que damos por suposto que a nossa bisexualidade é apenas a heterosexualidade. Kinsey abriu a porta a novos estudos que definem em que medida somos bisexuais e qual é a causa. Os seres humanos não se podem classificar como heterosexuais ou homossexuais porque, se empregamos estes termos, a heterosexualidade engloba comportamentos muito diversos, converte-se num balde onde quase tudo cabe relativamente à homosexualidad, que é bem mais limitada.

Deveria existir uma altísima relação entre os níveis de agressividade e os graus que ocupam na escala Kinsey. Os Kinsey de grau 0 seriam os machos mais machos, os mas irritáveis e violentos, os que, em maior medida, podem violentar os seus semelhantes, mulheres ou filhos. Também seriam os que matariam com menos arrependimento. Para a maioria dos soldados que o cinema mostra como assassinos natos, matar não é fácil e preferem não o fazer, inclusive durante as batalhas. O alto comando do exército dos Estados Unidos chegou a esta conclusão quando pesquisou o comportamento dos soldados no campo de batalha durante a Segunda Guerra Mundial.

Em 2008 três porteiros de uma discoteca Madrilena mataram à facada um jovem de 18 anos por empurrar a noiva de um deles. Em que grupo situaríamos estes machos violentos? A bissexualidade humana é heptaseptada e é necessário que assim seja para que a nossa sociedade possa funcionar. Uma sexualidade monosexuada como a do chimpanzé impediria a existência da nossa civilização.

2.6 A bisexualidade como factor de humanização

A sexualidade, ou melhor dito, a bisexualidade humana com os seus diferentes graus é o que marca a verdadeira diferença entre os humanos e osvoutros simios. E não só entre simios e humanos mas também entre o humano actual e possivelmente os outros grupos de homínidos . No mundo actual nenhum outro mamífero mostra uma sexualidade bisexuada como a humana. Os bonobos apresentam uma pansexualidade que também os converte em simios únicos. Todos os bonobos são pansexuais e mantêm relações sexuais tanto com fêmeas como com machos, mas a homosexualidade exclusiva não acontece em nenhum dos sexos.

A violência está associada à masculinidade nos nossos primos primatas. Porque é que nos humanos deveria ser diferente? As contínuas brigas entre machos são muito comuns em todos os animais, e ainda que nos humanos também possam ser comuns nunca são tão brutais nem tão frequentes. A civilização tal como a conhecemos seria impossível com os comportamentos dos machos demoniacos que Wrangham e Peterson descreveram. Não só é importante a amortecimento da violência, como também outros carácteres sociais associados e ela; por exemplo: um macho demoníaco não pode adoptar outros animais e torna-los calmos. Para os chimpanzés, os bebés humanos podem ser vistos como comida, como vimos no capítulo anterior. A domesticação de outros animais só é possível em machos menos violentos que os chimpanzés.

Os chimpanzés não podem interactuar com outros machos que não pertençam ao seu grupo sem os tentar matar, os homens fazem-no todos os dias. Um pequeno grupo de homens pode converter-se num grande grupo, caso seja necessário. Nas outras espécies de primatas isto é impossível. A colaboração só é possível quando não há violência. Um homem mais afemininado pode sentir-se unido aos seus filhos tal acontece com as fêmeas formarem famílias. Mas a bisexualização não afecta só o macho, também afecta a fêmea

Uma das grande svantagens da bisexualização é que integrou todo o potencial feminino desaproveitado noutras espécies de primatas. As fêmeas de orangotangos, gorilas e chimpanzés são submissas aos suas machos, a mulher humana, em gerall, só o aparentemente. E uma vez que só em princípios deste século no ocidente as mulheres adquiriram direitos semelhantes aos dos homens, a sua influência nas sociedades humanas foi apreciada pela via indirecta desde o começo da humanidade. A bisexualização teria conseguido incorporar a visão feminina à visão masculina. A mulher, interessada na política e com enorme poder sobre o seu marido, exerceu um contrapoder, de tal maneira que ainda que mandassem, os homens eram sempre influenciados pela figura feminina. Já que as visões de homens e mulheres são diferentes, a incorporação de uma nova perspectiva só poderia beneficiar o grupo duplicando assim o poder das suas visões.

A bisexualização da espécie permite que os machos mitiguem a violência, mudem o seu carácter e a sua essência e possam interactuar entre eles convertendo-se em humanos. Sem a bisexualização, sem a agravada, caluniada, humilhada, insultada e ultrajada homosexualidade, estaríamos destinados biologicamente a ser mais crueis e demoníacos que os nossos parentes chimpanzés, pois somos muitíssimo mais inteligentes.

Capítulo 3

O vício dos Gregos

A História, escrevam-na os vencedores ou os vencidos, quase sempre apresenta uma verdade escondida. Quando era miúdo explicaram-me que os líderes Americanos Simón Bolívar, José San Martín e Bernardo Ou'Higgins eram traidores da pátria pois tinham nascido Espanhóis e tinham-se virado contra o seu próprio país. Na adolescência, quando voltei a estudar o tema da independência Americana, de repente as mesmas personagens converteram-se nos libertadores da América. Lembro-me de ter perguntado ao meu professor sobre o assunto.A sua resposta foi assombrosa; disse-me mais ou menos o seguinte: se o Governador de Califórnia declarasse a sua independência dos Estados Unidos a história recordá-lo-ia como libertador ou traidor em função dos resultados. Para mim, que pensava que a história era uma ciência tão exacta como a matemática, foi um duríssimo golpe. Nesse mesmo ano descobri que, inclusive em matemática, 2 mais 2 não são sempre 4, que o seu valor depende da base com que se faça a soma, e 2 mais 2 em base 3 não somam 4.

Durante séculos a censura e tradutores têm cerceado a informação do mundo antigo. Boswell (1993) conta como a censura e os tradutores emendaram algumas frases dos textos de maneira a mudar o significado dos mesmos, ou como com só a mudança de género dos pronombres tornavam os textos religiosamente correctos. Conta Boswell (1993) que, quando em inicios do século XIX, Francis Gladwin traduziu para Inglês as fábulas morais persas de Sa´di, transformou intencionalmente todas as histórias de amor gay em romances heterosexuais mediante a alteração dos pronombres.

41

Outras vezes optou-se por mentir utilizando meia verdade ou reinterpretando e interpretando o que diziam os textos. A seguir vou transcrever algum dos exemplos de Boswell 1993. Um verso de Cornelio Nepote traduziu-se assim:

"Em Creta considera-se honrável que um jovem tenha uma grande quantidade de aventuras amorosas". O sentido original do comentário é: "Em creta considera-se honrável que um jovem tenha todos os amantes [masculinos] possíveis".

Escreve Boswell (1993) que, às vezes, o desejo de reinterpretar ou de disfarçar relatos de homosexualidade induziu os tradutores a mudar os textos introduzindo conceitos totalmente novos. Assim numa lei hitita que aparentemente regula o casal homossexual, incluíram palavras que alteram por completo seu significado, ou quando Graves traduz Suetonio introduz uma cláusula inexistente que sugere uma lei que proíbe os actos homossexuais.

A homofobia e a intolerância homossexual privaram o público de conhecer o que na verdade diziam estes autores durante muitíssimo tempo. O Ministério da Verdade, com os seus contínuos retoques históricos que George Orwell descreveu no seu Romance de 1984 ,não é só uma sátira. Em alguma medida funcionou no passado e no presente a todos os regimes políticos e religiosos autoritários.

Para os victorianos que estudavam a Grécia Clássica, a bisexualidade inerente a esta sociedade masculina era inexistente, e quando obrigatoriamente tinham que falar das abundantes representações homoeróticas nos pratos e copos referiam-se: ao vício dos gregos.

A homosexualidade foi censurada dos textos de história, geração após geração, e desaparece, de qualquer livro de história, como se não tivesse existido.Milhões de pessoas formam-se sem saber que em sociedades muito próximas, onde o amor entre homens era muito bem visto e permitido, que no berço da nossa cultura, na Grécia Clássica e na Roma Imperial, a bisexualidade era a norma e não a excepção, e que em todos os tempos existiram homossexuais que ocuparam cargos políticos ou sociais revelantes, ainda que muita pouca gente o saiba.

3.1 Antiga Grécia

Na antiga Grécia, as relações sexuais entre homens era algo normal e praticamente todos os gregos mantinha relações com homens e mulheres. Considerava-se natural e necessário que os homens adultos educassem e treinassem os jovens efebos nas suas relações sexuais. As relação entre um homem adulto e um adolescente, entre os 16 e 18 anos, eram consideradas a maneira mais natural de preparar o jovem para entrar na vida social adulta. Considerava-se que o amor masculino realçava as melhores qualidades de um jovem, particularmente a sua hombridade e o seu valor. Segundo a poesia da época, os homens mais velhos, de qualquer idade, deviam iniciar os jovens mediante uma relação homossexual. A idade ideal para esta relação nos jovens eram os 17 anos. A relação sexual entre homens e rapazes era normal na antiga Grécia, estava institucionalizada e os Gregos sentiam-se orgulhosos dela (Herrero-Brasas 2001).

Na arte, os pintores de copos representavam com frequência Erastés (homem maior) tocando nos genitais do jovem. Também eram frequentes as representações de penetrações homossexuais e era muito comum representar o pénis enorme e erecto. Também a comédia Grega explorou a homosexualidade do mesmo modo que a filosofia. O poema *A Anabase de Xenofonte* narra a história de um guerreiro que estava disposto a morrer para salvar a vida do jovem efebo de que tinha ficado apaixonado. Para Dover (2008) perguntar se Platão respondia como homem homossexual aos encantos da beleza masculina de maneira mais ou menos intensa que os seus concidadãos Atenienses é uma pergunta sem sentido numa época em que praticamente todos os homens Gregos mantinham relações com homens jovens. Na antiga Grécia a beleza masculina foi altamente apreciada, bem como as relações homossexuais (efebo-erastés). A antiga Grécia é a pedra angular e a origem cultural da cultura Ocidental, um facto a não esquecer. No seu meio nasceram, há 2.500 anos, a democracia, o teatro, a filosofia, as matemáticas e a história.

É um facto curioso, que nos estados Gregos mais belicosos as práticas homossexuais fossem ainda mais frequentes que na cidade de Atenas. Segundo conta Plutarco[1] os povos

43

guerreiros de Boecia, Lacedonia e Greta eram os mais viciados ao amor homossexual. Na ilha de Creta, a relação levava-se a cabo da seguinte maneira: o homem adulto apaixonado pelo jovem informava a família deste. Se obtivesse a aprovação familiar, o jovem era levado a sua casa onde lhe oferecia um presente. Posteriormente partiam para o campo em lua de mel por uns dois meses, depois dos quais o jovem regressava à cidade e era entregue com vestimenta militar. Para os Cretenses era uma falta de honra e considerava-se vergonhoso que um jovem de uma certa idade não tivesse conseguido ter um amante masculino (Herrero-Brasas 2001).

Um dos exércitos mais famosos da antiguidade foi o Batalhão Sagrado de Tebas; com fama de invencivel até à sua aniquilação total pelos macedónios na batalha de Chaeronea. O Batalhão Sagrado de Tebas era formado por 150 casais de amantes homossexuais, escolhidos entre os jovens mais distinguidos da cidade, que tivessem demonstrado o seu valor. Cada casal consistia num membro de maior idade "heniochoi" (condutor) e um jovem "paraibatai" (companheiro). Os casais de homens que o compunham, deviam realizar um juramento perante os duses, onde prometiam lutar juntos até que ambos vencessem ou morressem. Este juramento realizava-se formalmente diante a tumba de Iolao, pelo que recebeu o nome de Sagrado[2,3]. Na mitología clássica o casal formado pelos grandes semidios Hércules e pelo seu sobrinho e amante Iolao, se tivessem lutado juntos teriam conseguido vencer a hidra de Lerna de várias cabeças e de sopro venenoso. Este juramento implicava um compromisso de fidelidade e protecção mútua durante o combate e o dever de nunca se separarem.

Para Plutarco um batalhão, como o de Tebas, cimentado pela amizade e baseada no amor era invencivel. Filipe II e o seu Filho Alejandro Magno derrotaram-nos matando 254 dos seus 300 membros. Enquanto o resto do exército Tebano fugia das avassaladoras forças Macedónicas, o Batalhão Sagrado de Tebas continuou a lutar no lugar onde estava até que morreram quase todos os seus membros. Plutarco[1] conta que o Rei Filipe II perante a visão dos cadáveres amontoados exclamou:

"Que apareça o homem que suspeite que estes homens ou sofreram ou fizeram algo de forma inapropiada"

O Rei Filipe II foi o grande conquistador que se apoderou, mediante a guerra, de todas as cidades Gregas que posteriormente o seu filho Alejandro iria herdar. Alejandro Magno, por sua vez, construiu um dos maiores impérios conhecidos da antiguidade. Alejandro teve uma intensa relação homossexual com o seu amigo de infância, seu colega de armas, sua mão direita e íntimo aliado Hefestión. A morte de Hefestión enlouqueceu-o e, trastornado, sofreu um forte choque sentimental, barbeou a cabeça, mandou rapar as crinas dos cavalos do exército em sinal de duelo, ordenou cancelar todos os festejos e crucificou Glaucias, o médico que tinha atendido Hefestión. Enlouquecido por uma intensa dor pela morte do seu amado dirigiu-se ao Oráculo de Siwa , dedicado ao deus Amón e situado em solo Egípcio recém conquistado. Nele, os sacerdotes, falando em nome do deus Amón, informaram Alejandro que Hefestión se tinha convertido num deus e, portanto, devia ser adorado como tal. Depois de semelhante resposta iniciou a construção de um monumento funerário em honra do seu amado Hefestión, digno de uma grande divindade. Este monumento não pôde ser concluido porque em menos de um ano também ele morreu.No seu testamento mandou que este monumento fosse concluido. A história do grande conquistador Alejandro Magno foi narrada em milhares de documentos, quase sempre de forma irreal e incompleta, ocultando uma parte importante da sua pessoa, ocultando a sua parte homossexual, criando uma personagem irreal e ficticio conforme os princípios homófobos da nossa sociedade. Todos os homossexuais, sem importar onde vivem, deviam aspirar como Alejandro a encontrar e amar o seu Hefestión.

Em relação às relações homossexuais femininas, a informação de que se dispõe é muitíssimo menor. Mesmo assim cabe mencionar a famosa poetisa Safo da ilha Grega de Lesbos que dirigia uma escola para raparigas dedicada à seusa Afrodita, às Musas e às Graças. Safo criou numerosos poemas nos quais as relações amorosas entre mulheres eram o tema quase exclusivo, para além da reflexão sobre as relações lésbicas com as suas alunas. Também se sabe que era casada e tinha uma filha. A grande poetisa suicidou-se por amor atirando-se ao mar.

3.2 A antiga Roma

Na antiga Roma os homens, na sua maioria, comportavam-se de maneira bisexual, tendo relações tanto com homens como com mulheres. Apesar de a bisexualidade ser a norma, autores dessa época reconhecem que havia um pequeno grupo de homens que só mantinham relações sexuais com homens ou exclusivamente com mulheres. Existem bastantes fontes históricas disponíveis sobre a prática homossexual na antiga Roma com obras literárias, grafitos e comentários de historiadores sobre personagens famosas ou imperadores solteiros ou casados. As atitudes relativamente à homosexualidade foram variando com o tempo entre a condenação e a aceitação.

A homosexualidade na Roma era bastante diferente à da Grécia clássica. Os Romanos eram uma sociedade escravagista que usavam os seus escravos para tudo, também para satisfazer as suas necessidades sexuais. Os escravos sexuais costumavam ser jovens escravos que tinham o nome específico de catamitas. Os escravos eram pessoas cuja vida pertencia ao seu amo, pelo que os usar sexualmente, inclusive contra a sua vontade, era considerado legítimo para a sociedade Romana e tanto fazia se eram homens ou mulheres. Segundo Williams (1999) era norma comum que os imperadores e senadores tivessem escravos masculinos com os quais mantinham relações sexuais. E a maioria dos grandes imperadores (Augusto, Tiberio, Vitelo, Adriano e Trajano) tiveram Catamitas para o seu uso e desfrute sexual. A relação homem adulto-jovem perdeu, em Roma, as restrições que tinha entre os Gregos e generalizou-se como mais uma forma de satisfazer os desejos sexuais. Os homens livres elegiam rapazs escravos para o seu uso homossexual. A relação homossexual entre amo e escravo está bem reflectida na literatura latina em Marcial, Juvenal, Horácio, Tibulo ou Petrónio. A Sátira de Petrónio fala-nos das relações amorosas entre dois casais de homens, Encolpio e Gitán, Ascolto e Gitón, com as suas caricias, beijos, abraços, paixão, convivência e relações sexuais. Marcial, nos seus epigramas, descreve os encontros homossexuais nas saunas de Roma. Juvenal na sua Sátira II, dirigida a Domiciano fala dos gays (Blázquez 2006).

É totalmente ignorado que os homossexuais se podiam casar na antiga Roma; na moderna, com o Papa e os bispos pelo meio, seria praticamente impossível. O casamento era um contrato de carácter privado na sociedade Romana. No século I, Suetonio e Tácito constatam a generalização de casais entre homens. O imperador Romano Nero casou-se com outro homem e fê-lo duas vezes (Boswell 1993). Caio Cornelio Tácito na sua obra *Anais* ,conta como Nero contraiu casamento com outro homem:

"Poucos dias depois uniu-se em casamento, com a solenidade seguida nos esponsais, com um depravado de nome Pitágoras. Ao imperador colocou-se-lhe sobre a cabeça o véu cor rosa das esposas. Chamaram-se testemunhas; foi-se-lhe entregue a dote. Colocou-se o tálamo e elegeram-se as faces. Em público ofereceu-se tudo o que, ainda se tratando de uma dama ,se oculta".

Marcial e Juvenal, mencionaram e descreveram o casamento entre homens como públicos e frequentes. O ritual do casal era o mesmo para os dois homens como para um homem e uma mulher. O poeta Marcial descreve-o assim:

O barbudo Calístrato casou-se com o rudo Afro
com o ritual com que uma donzela se costuma casar com um homem.
Brilharam diante as tochas, cobriram seu rosto com flêmeos,
e não faltaram as tuas fórmulas rituaia, Talaso*
Fixou-se a dote. Não te parece, Roma, que já
é suficiente? Esperas que também pare?
*[deus dos casais]

As relações homossexuais eram bem vistas na antiga Roma, eram perfeitamente normais e aceites desde que não se actuasse como passivo, papel reservado aos escravos ou soldados vencidos. Estavam tão aprovadas que basta recordar que no seu máximo poder, os imperadores imperiais e a maioria dos seus

47

súbitos, as exibiam e praticavam publicamente. Para Blázquez (2006) a história podia ter sido diferente por causa de um amor homossexual. O imperador Trajano e o seu sucessor Adriano, dois dos bons imperadores , estiveram a ponto de romper as suas relações pessoais por causa de uma disputa por uns jovens efebos, pois ambos sentiam uma predilecção pelo mesmo tipo de rapazes jovens.

Suetónio, na sua obra *A vida dos doze Césares* critica energicamente o imperador Claudio por não ter tido nenhum amante masculino, já que todos os outros imperadores anteriores gozaram da companhia sexual masculina. É importante recordar aqui que o poder máximo do império romano recaía nos seus imperadores;a sua palavra era lei e tinham opinado sobre a vida e a morte de todos os seus súbitos. O poder dos imperadores Romanos era tal que os Papas Católicos utilizaram durante muitos séculos um documento falso, a doação de Constantino, para legitimar o seu poder sobre o antigo Império Romano. Segundo este documento, feito pela hierarquia Católica, o imperador Romano Constantino I cedeu ao Papa Silvestre I o Império Romano de Ocidente. Deste modo, ao Papa correspondia-lhe legitimamente todo o Império Romano do Ocidente, governação que ele gentilmente cedia aos Reis de cada reino do antigo Império Romano de Ocidente[4].

Suetónio conta que, em jovem, o conquistador Julio César teve uma relação amorosa com o Rei Nicomedes da Bitínia, que prejudicou um pouco a sua reputação por assumir o papel de passivo como se fosse um escravo ou um soldado vencido (nome que a Rainha da Bitínia lhe chamou por algum tempo). Também é bem conhecida a relação amorosa que se estabeleceu entre o imperador Adriano e o jovem Antino. Supõe-se que Antinoo se suicidou por amor ao imperador que, depois da sua morte, enlouqueceu. E tal Alejandro mandou construir várias cidades no Egipto em honra do seu amado, onverteu-se em dus. E em honra ao dus Antino ergueram-se templos por todo o império Romano. Foi, também, imortalizado representando-o junto ao imperador no Arco de Constantino (Blázquez 2006). O Museu Britânico de Lndres montou uma exposição sobre o imperador Adriano no Verão do 2008 com o objectivo de reviver a sua figura e analisar o seu legado. Thorsten Opper, o comissário da exposição, assinalava ao jornal Espanhol O País[5] que Adriano não recorda em nada a personagem pacífica, filósofo, introspectivo brando, próxim e boa pessoa, que criou em 1951 Marguerite Yourcenar na sua famosa novela: *Memórias de Adriano*. Para o comissário Adriano foi um imperador poderoso e marcial que se via como um segundo Augusto, que apreciava guerra, que se mandava representar com coragem, com expressão despiedosa e esmagando, com o seu pé esquerdo, os seus inimigos Bárbaros. Ele insitia que o imperador Adriano, para além de ter sido um profundo admirador de tudo o Grego foi um entusiasta aficionado à arquitectura, um grande viajante (para controlar o império, não por turismo), um bom gastrónomo e sem dúvidas homossexual.

Nem todos os imperadores gostavam de jovens efebos, Suetónio conta que o imperador Galba gostava de homens fortes e velhos. E segundo Fontes *et ao.*, (1999) o imperador Heliogábalo, do Império Temporão em princípios do século terceiro, era muito aficionado aos amantes masculinos. Ele relata que os seus guardas pessoais chamados de "rabos de burro", eram homens bem dotados recrutados nas termas de Roma. E ter-se-ia casado até em duas ocasiões com homens travestis vestidos de mulher. Algo que espantou os seus súbditos, pois ainda que na antiga Roma as relações homossexuais fossem bem vistas e o papel de activo fosse louvado, tal não acontecia com o papel de pasivo que era objecto de burla (Williams 1999).

Os Romanos eram muito machistas e sabe-se pouco da homosexualidade feminina ainda que de facto tenha existido. No papiro Ecloga Ex Papyris Magicis[6] Serapias, uma mulher da província Romana do Egipto fez um feitiço para ganhar o amor de Herais, outra mulher.

3.3 Mitología Greco-Romana

Para (Dover 2008) as relações homossexuais encontravam um lugar predominante no marco da mitología Grega, onde os deuses podiam ver-se frequentemente tentados pela beleza de jovens efebos. Zeus, o pai de todos os deuses, deu uns esplêndidos cavalos ao Rei Tros de Troya em pagamento pelo seu filho Gaminides, do qual tinha ficado prendado pela sua beleza e formosura. Apolo, filho de Zeus e irmão de Artemisa, um Deus importantísimo da Grécia, apaixonou-se por Jacinto filho de um Rei Heleno. Jacinto era um jovem muito formoso amado pelo Deus Apolo. Morreu quando jogava com deus, seu amante, a lançar o disco. Apolo, para impressionar Jacinto, lançou-o com todas as suas forças. Por sua vez Jacinto, para impressionar Apolo, tentou engana-lo mas o disco acertou-lhe e ele morreu. Apolo não permitiu que Hades, deus dos mortos, levasse o a seu amado e, do seu sangue, fez crescer uma flor que teria o seu nome. Outro mito diz que foi Céfiro, deus do vento quem, apaixonado por Apolo e zeloso por Jacinto, desviou o disco.

Hércules, semidios filho de Zeus, matou em batalha o Rei Tiodamante dos dríopes, mas perdoou Hilas ,seu filho, ao que tomou como seu escudeiro e converteu-o em guerreiro. Hércules apaixonou-se por Hilas e levou-o com ele na sua nave Argo, convertendo-o em argonauta. A mitología Romana pegou em vários mitos Gregos aos que mudou o nome dos deuses.

O que para nós podem ser mitos graciosos e sem fundamento, para os antigos Gregos e Romanos eram as verdades sagradas da sua religião. Com deuses tão aficionados a manter relações homossexuais entre eles, dificilmente os cidadãos Gregos e Romanos poderiam olhar para elas como algo não natural ou impróprio, sem faltar à honra dos seus deuses.

3.4 Outras civilizações

As relações homossexuais não são únicas no Ocidente e aconterceram por todo o mundo antigo. Em alguns templos mesopotámicos havia, no serviço de culto, prostituição de homossexuais junto a prostitutas sagradas. Em 1964, em Saqqara, encontrou-se a tumba de Niankhkhnum e Khnumhotep, onde aparecem na sua tumba diferentes cenas da sua relação. Na decoração interior da mastaba, aparecem várias pinturas sob as quais se encontra a epígrafe: "Juntos na vida, juntos na morte" A sua tumba foi construída durante o reinado do Faraó Niusere da Quinta Dinastía (2416 a 2392 a. de C.).

No Japão antigo, os aprendizes de samurai praticavam a homosexualidade, relacionavam-se com guerreiros mais velhos para serem formados nas artes do amor e na guerra. O shogun tinha concubinas femininas e "nanshoku", amantes masculinos.

3.5 Repressão Cristã

As relações homossexuais eram vistas no mundo Greco-Romano com grande naturalidade. O carácter negativo das mesmas surgiu com a implantação do Cristianismo. Como podiam os grandes poetas e pensadores Gregos (Píndaro,Sócrates, Platón e Aristóteles), que mantiveram relações homossexuais, este tipo de uniões quando os grandes Reis e imperadores, quase tão poderosos como os deuses, mantinham relações bisexuais. Como é que o sexo homossexual podia ser mal visto pelos sacerdotes das religiões do império quando as suas religiões lhes contavam como os seus deuses eram continuamente tentados por amores homossexuais? E para a gente do povo, as relações homossexuais não podiam ser mal vistas sem criticar os fundamentos da sua religião, sem julgar o comportamento de seus deuses a quem adoravam e por quem rezavam. Para eles Zeus (o Chefe do Olimpo) era tão importante como pode ser Yahvé para um Cristão. Para os Gregos e para os Romanos da antiguidade ajuizar os deuses do Olimpo seria tão inconcebível como para os actuais cristãos censurar Yahvé ou Jesucristo pelas suas acções.

Para Boswell (1993) o Cristianismo exerceu uma grande influência sobre os costumes pagãos anteriores, que mudou. A partir do século IV o Cristianismo converteu-se na religião oficial do império já que foi a única força organizada que sobreviveu à desintegração do poder político e se converteu no comportamento natural, pelo que a moral Cristã mais estreita colonizou toda a Europa. Pouco a pouco todo o Ocidente se tornou mais intolerante ao prazer sexual. Para os autores medievais como Santo Tomás de Aquino, qualquer utilização da sexualidade que não fosse destinada à procriação era luxuriosa e pecaminosa (Mondimore 1998). Tomadas de Aquino condenou as relações homossexuais ao considerar que, ao servirem unicamente para dar prazer e não para procriar filhos, deviam ser consideradas pecados. Lentamente a intolerância contra tudo o que fosse não reproductivo, homossexual ou heterosexual, foi aumentando à medida que a igreja Católica ia ganhado poder e prestígio em todos os cantos do continente. Segundo Mondimore (1998), no século XIV, todos os Reis Europeus cederam perante o Papa e converteram a sodomía em delito, condenando-a, a maioria das vezes, com a morte. Também na petição do papado castigaram-se as relações entre um Cristão e um Herege com a pena capital, pois para a Santa Igreja e para a Santa Inquisição, estas relações eram semelhantes às relações entre um humano e um animal, já que segundo a sua doutrina todo o homem não católico era considerado, aos olhos de Deus, pior que um animal.

3.6 Grécia e Itália na actualidade

Se viajarmos até à Itália e Grécia actuais, e se as compararmos com os tempos clássicos, poderemos observar que o influxo católico e ortodoxo teve falhas nestes países transformando as suas gentes. Passaram de ver com naturalidade as relações homossexuais a questioná-las como um grande pecado. Se o grande Alejandro Magno se submetesse ao veredicto das urnas não poderia governar nem o povo mais remoto da Grécia actual. O mesmo provavelmente ocorreria em Itália com a maioria dos seus grandes imperadores. Em inicios de 2009 a imprensa publicou as declarações homófobas de alguns futebolistas e cantores italianos sobre a homosexualidade. Também em Itália, segundo revelava um artigo do mail online[7] de 5 de dezembro de 2008, um jogador do futebol Italiano de terceira divisão completava os seus rendimentos trabalhando como prostituto para 30 jogadores do futebol Italiano, 12 deles da primeira divisão. Cobrar-lhes-ia a módica quantidade de 1500 euros por sessão e o mais mórbido é que a maioria deles tinham noivas ou mulheres, pelo que lhe era pedido descrição. Segundo parece, tudo o italiano censura o que não seja muito macho. Talvez já seja hora de o povo Italiano voltar a olhar para as suas raízes e para a sua história, e deixe que a hierarquia Romana continue a esconder os seus escândalos que, ao que parece,não acontecem em Itália.Infelizmente a homofobia não é património da Grécia ou da Itália, está bem estendida por todo o mundo actual.

3.7 As relações bisexuais são comuns se houver liberdade social.

Nos povos da antiguidade, onde as relações homossexuais não eram castigadas ou reprimidas, a bisexualidade da população era a norma e não a excepção.

Foucault (1986) escreve sobre a bisexualidade dos Gregos, que não se pode dizer sequer que eram bissexuais já que um Grego podia amar um rapaz ou uma rapariga e que um homem casado podia ter seus *paidika*.

A imensa maioria dos homens da antiga Grécia e Roma Clássica podiam manter relações homossexuais com outros homens e relações heterosexuais com mulheres, e de facto mantinham-nas. Ao contrário, entre os seus descendentes actuais só uns poucos poderão manter relações homossexuais e fazem-no provavelmente porque não têm outra opção ao ser totalmente gays. A bisexualidade parece ter desaparecido entre os dogmas e maleficios da religião. Mas ao escavar vê-se que a realidade é mais complexa do que aparenta, como escrevia o mail online[7] , homófobos incorrígiveis, felizmente casados, podem estar a pagar por detrás fortes somas por uma canita, homossexual, ao ar.

Capítulo 4.

A construção da personalidade: personalidade genética

A personalidade é o conjunto de características que tornam uma pessoa especial e única. Na sua formação intervem pelo menos três motores unidos entre si que configuraram a identidade especial e exclusiva de cada indivíduo. Herdámos dos nossos progenitores os genes que influem de maneira muito importante no que somos: a nossa capacidade, a nossa predisposição parra padecer de doenças. Cada pessoa tem um ónus genético diferente, com a excepção dos gémeos monocigóticos que, ao se originarem pela bipartição do zigoto fecundado, compartilham o mesmo material genético. Para além disso todos nós passámos por um duplo processo ambiental que determina a nossa forma de ser.

Num primeiro momento pensou-se que tudo dependia do que estava escrito nos nossos genes, logo foi-se descobrindo que não era tão simples

4.1 A conduta genética

Todos adorámos ter uma mascote: um gato, um papagaio,um canário, mas quem sem dúvida ganha a palma de ouro, o animal de companhia por excelência, é o cão. Desde a antiguidade que o homem adora o cão com a mesma intensidade que odeia o lobo. No entanto, os estudos genéticos de Lindblad-TohPrice *et ao.*, (2005) confirmam que ambos os animais estão intimamente relacionados. O cão (*Canis lupus familiaris*) é uma sub-especie que descende do lobo cinza (*Canis lupus*). Se o homem adora o cão é porque este se comporta como tal e não como o lobo. O cão nas suas origens é um lobo domesticado.

Mediante a domesticação, uma população animal adapta-se ao cativeiro e ao homem. Neste processo, geração após geração, o homem seleccionou características herdáveis que são do seu interesse (Price 1984). Pensa-se que a somesticação do cão ocorreu há 100.000 anos ainda que o fóssil mais antigo, encontrado na Bélgica, tenha uma idade de 31.700 anos (Vila *et al.*, 1997). Todos os cães das diferentes raças são membros da mesma espécie. Os humanos foram-nos seleccionando segundo o seu comportamento ao longo dos 100.000 anos que compartilhámos em comum.

O comportamento de cada uma das diferentes raças é próprio e inconfundível. Os São Bernardos[8], naturais da montanha do Grande Monte St. Bernhard (Suiça), têm a sua origem numa selecção de grandes cães que, geração após de geração, foram utilizadoss como cães de guarda e de resgate. Em 1800 um São Bernardo, de nome Barry, salvou a vida a quase meia centena de pessoas. Os suíços adoram o seu carácter especial e elegeram-no como cão nacional. Outro sabueso de grande tamanho similar ao anterior é o mastín Espanhol[8] originário da Extremadura, com o cruzamento de cães da Índia. O mastín foi seleccionado por ser uma raça muito territorial unida a um bom guarda de lares. Nas zonas ricas em lobos, em Castilla, como Zamora, utilizaram-nos para protegerem os rebanhos. Ao contrário, para guiar os animais utiliza-se outra raça, o Pastor Alemão[8]. Usa-se este cão porque é um excelente trabalhador, um bom guardião, afectuoso e paciente. Surgiu em 1899 do cruzamento de cães pastores de vários terras Alemãs. Além de ser utilizado como cão pastor foi muito útil nas duas guerras mundiais, onde foi usado como mensageiro, como rastejador de feridos e como transportador deprimeiros socorros. Definitivamente o homem foi seleccionando cães com diferentes características segundo as suas necessidades. Seleccionou os Rottweilers[8] como guardiães e como mascotes já que são cães calmos, valentes, dóceis, amigáveis, obedientes que adoram brincar com as criança. Para a caça obteve o Foxhound[8,] um cão bonito de grande resistência, bom temperamento, muito obediente e afectuoso com as pessoas e com outros cães. Para detectar narcóticos, explosivos e ser usado como cão guia seleccionou o Labrador[8]. Uma raça muito popular em todo mundo por ser um cão inteligente, dócil, activo, sociável e necessitado de carinho que se originou mediante o cruzamento de cães de Groenlandia e da Grã-Bretanha. Também se seleccionaram raças inteligentes, belicosas e agressivas como o Fox Terrier[8]. E raças de companhia como o Caniche[8]: cão com muito pelo, muito bonito, elegante e nobre, presente na Europa há mais de 4 séculos; ou o Chihuahua[8] cujo nome deriva do maior estado da República Mexicana, de onde é originário. É a raça de cães mais pequena do mundo com um peso médio de meio kilograma. Ainda ficam no tinteiro muitas raças de cães e todas elas diferentes entre si. Raças que o homem foi seleccionando e criando, segundo as suas necessidades e pelo seu comportamento. Cada espécie seleccionada, por ter um carácter específico, foi transmitida de geração em geração. Os pastores foram escolhidos para guiarem rebanhos, os guardiães para defenderem territórios e protegerem os seus donos, os rastejador para rastejar, e assim sucessivamente. Poder-se-ia escrever todo um livro inteiro sobre as diferenças existentes entre as diversas linhagens de cães, cada um deles especial e único. No entanto todos eles derivam dos lobos domesticados há aproximadamente 100.000 anos que, depois da continua selecção humana, foram divergindo do lobo, espécie da que surgiram, e criando raças de animais com caracteres e aspectos muito diferentes entre si. Scott e Fuller (1965), da Universidade de Chicago, realizaram um estudo sobre a genética do comportamento utilizando diferentes raças de cães. Elegeram raças de tamanho similar que hibridaram e pesquisaram o comportamento dos mestizos. Durante o seu trabalho encontraram diferenças significativas em todos os aspectos genéticos observados. Segundo estes autores parece que cada raça tem um determinado carácter que é herdado

As raposas instintivamente têm um medo atroz dos humanos, podem morder-lhes e depois fogem. Numa experimentação levado a cabo na Rússia foram-se seleccionando as raposas mais amigáveis de cada camada, durante 40 anos. Desta forma conseguiu-se uma raça de raposas dóceis e amigáveis que não temem os humanos. Esta nova raça converteu-se numa mascote muito popular na Rússia (Trut 1999). Hare *et al.,* (2005), num trabalho posterior, comparou as habilidades destas raposas domesticadas com os cães, e viram que estas raposas eram tão capazes de interagir com os humanos como os cães.

4.2 Conduta genética em humanos e sexualidade

As gravidezes duplas podem gémeos monozigóticos ou gémeos dizigóticos. Os gémeos monozigóticos ou univitelinos produzem-se quando um óvulo fecundado por um espermatozóide forma um zigoto que posteriormente sofre uma divisão e dá lugar a dois bebés geneticamente idênticos. Os gémeos dizigóticos ou bivitelinos são gestados quando dois óvulos são fecundados por dois espermatozóides diferentes e parecem-se como se podem parecer dois irmãos nascidos em partos diferentes, ainda que tenham partilhado a mesma "bolsa". Ambos os grupos são uma fonte importantíssima de estudo para os geneticistas de conduta. De maneira que, se os factores genéticos são importantes para um carácter, os gémeos monozigóticos serão mais semelhantes que os dizigóticos.

O Dr. Robert Plomin, professor de Genética do Comportamento do Instituto de Psiquiatría de Londres, passa a maior parte do seu tempo a estudar o comportamento em gémeos e em crianças adoptadas. A adopção faz com que haja casais de indivíduos geneticamente iguais que não partilham o mesmo ambiente familiar, e indivíduos diferentes geneticamente que partilham a mesma família. Para Plomin *et al.,* (1994, 2002) há traços com grande capacidade de transmissão, assim se sabe que filhos de pais com estas características têm uma elevada probabilidade de os herdar tanto se forem criados pelos seus pais biológicos como se o fossem por outros pais adoptivos. E, segundo publicaram na revista Science, entre estes traços estaria a esquizofrenia, o autismo, o trastorno do humor e a dislexia.

Os genes têm uma função decisiva na conduta, sabe-se que uma pequena mudança num único gene no verme (*Caenorhabditis elegans*) faz com com que este animal mude de comportamento perante o cheiro de butanona. Se os vermes são alimentados na presença de butanona, apaixonam-se pelo seu aroma, mudando depois o seu rumo para o cheiro. Mas se passam fome perante a presença do cheiro durante duas horas ou mais, experimentam a reacção oposta (Tsunozaki *et al.,* 2008). Em organismos mais complexos, o comportamento não está regido por um só gene. Os estudos com a mosca da fruta parecem confirmar que o comportamento está regulado por todo um conjunto de genes, cada um deles com uma função no organismo (Greenspan 1995). E quanto mais complexo é o traço mais genes estão implicados.

Os estudos que se realizaram para saber se a homosexualidade se herdava obtiveram dados discordantes. Os primeiros trabalhos foram realizados por Kallman em 1952. Este médico Alemão obteve, para a orientação homossexual, correspondências de 100% em gémeos monozigóticos e de 25% nos dizigótico, numa amostra populacional de 95 casais de homens gémeos (44 monozigóticos e 51 dizigóticos). Posteriormente outros autores confirmaram os dados dando valores similares (Heston e Shields, 1968). Segundo estes estudos a homosexualidade seria inata. Mas cedo apareceram violentas críticas pois tratava-se de indivíduos criados num mesmo ambiente. E nenhum estudo posterior pôde confirmar os resultados da análise de Kallman.

Bailey e Pillard (1991) realizaram o primeiro estudo empregando uma amostra ampla de irmãos criados em ambientes diferentes. Estes autores analisaram 56 casais de gémeos monozigóticos, 54 casais de gémeos, 142 irmãos (geneticamente emparentados) e 57 irmãos adoptados (geneticamente não emparentados). Os resultados obtidos neste estudo foram os seguintes: 52% de hereditabilidade para gémeos monozigóticos, 22% para gémeos, 9% para irmãos e 11% para irmãos adoptados. Estes dados ainda que não tão colclusivos como os anteriores também apontavam para uma influência genética clara na homosexualidad. Mas 48%, percentagem importantíssima, de gémeos monocigóticos apresentam diferentes sexualidade que os seus irmãos apesar de partilhararem 100% dos seus genes. A estes gémeos foram chamados de discordantes.

Outra forma de procurar o grau de transmissão genética da homosexualidade são os estudos genealógico-genéticos. Neles pesquisou-se a transmissão através de parentes de primeiro grau e descendentes, se os houvesse. Hamer et al., (1993) questionava se um gémeo discordante pode ter filhos homossexuais com uma maior frequência que a esperada. Partindo do facto de os traços herdados tendem a manifestar-se numa mesma família, foi levada a cabo uma investigação sobre o particular chegando à conclusão de que os homens homossexuais têm uma alta probabilidade de ter parentes homossexuais pela linha materna.

4.3 Determinação genética da sexualidade.

Os genes têm uma importância decisiva na conduta humana, já que determinam a estrutura e função do cérebro. Os genes de cada indivíduo o encasillan num dos sete graus da escala de Kinsey. Quando o indivíduo está no extremo homossexual da escala o seu comportamento estará determinado geneticamente por essa preferência, queira-o ou não. A biologia manda! Nos outros casos, fora dos extremos, a atração sexual estará condicionada também pelo ambiente. Uma pessoa cuja herança genética o coloca no grau 6 da escala de Kinsey não tem nenhuma possibilidade de eleição. É biologicamente homossexual, gay ou lésbica, queira-o ou não.

A nossa herança genética instala-nos num dos graus da escala bisexual desde o mesmo momento em que se forma o embrião. Da mesma maneira que um indivíduo é loiro ou moreno, goste ou não, cada um de nós ocupa geneticamente um dos diferentes graus da escala de Kinsey. Apesar de a genética ter uma importância fundamental na nossa conduta sexual, não é o mesmo ser um Kinsey de grau 6 ou um Kinsey de grau 4. O Kinsey de grau 6 está determinado geneticamente a ser homossexual, não tem nenhuma outra possibilidade. A pressão social pode-o empurrar para a heterosexualidade, mas o seu ónus genético impede-o dessa opção. É homossexual, goste ou não, não existe de nenhuma outra saída possível. Por muitas conversas e pressões que, a receba sua natureza não pode mudar, pode se negar a si mesmo se quiser, mas não pode alterar a sua biologia. O indivíduo que está encasillado geneticamente no grau 4 da escala ou em qualquer outro grau diferente fora dos extremos, não está totalmente determinado geneticamente, o ambiente tem aqui um papel fundamental. Também não se pode afirmar que este indivíduo tenha liberdade de eleição sexual porque a pressão social o determina face à monosexualidade sem lhe deixar outra alternativa, como veremos nos seguintes capítulos. Ainda que o seu ónus genético lhe permitia uma maior margem de manobra que os indivíduos dos extremos não têm, a pressão ambiental cercena-a. Na nossa sociedade não há possibilidade de escolha sexual. Quando a genética deixa margem para optar, o ambiente e a pressão social determinam-no. Na nossa sociedade o ser humano nunca é livre de eleger a sua sexualidade, a genética ou o ambiente impõem-no.

Os gémeos monozigóticos discordantes na sua sexualidade, encontrados por Bailey e Pillard (1991), poderiam explicar-se muito facilmente por este motivo. Dois gémeos monocigóticos que não estejam no extremo homossexual da escala de Kinsey podem-se comportar sexualmente de forma diferente, dependendo da sua forma de socialização. Da mesma forma explicaria porque é que o Doutor Kallman obteve uns resultados próximos dos 100%.

Capítulo 5

A construção da personalidade:
Auto-estima

Perante um mesmo acontecimento, duas pessoas reagem de maneira diferente. Uma vê o copo meio cheio enquanto a outra vê-o meio vazio, mas o copo contém a mesma quantidade em ambos casos. Existe um refrão Castelhano que expressa muito bem esta forma de reagir tão diferente perante um mesmo fenómeno. O provérbio diz: "não procures três pés ao gato" isto é, não procures razões onde não as há. Para os hispano-falantes não nativos esta expressão é difícil de entender já que é impossivel procurar três pés a um gato que tem quatro. Apesar ser esta a fórmula que se utiliza no refrão, ao que parece é uma deformação que apareceu no Quijote e que as pessoas popularizaram. A original mais clara que se esqueceu dizia: "não procures cinco pés ao gato, pois só tem quatro, a cauda não é um pé".

Cada um de nós habitámos num país emocional diferente. Muitas pessoas vivem num mundo afectivo tão singular e próprio que o que vêm quando abrem os olhos pela manhã pode ser incomprensivel para o resto dos mortais, por isso para poder andar pelo mundo sem tropeçar é necessário conhecer as próprias necessidades para assim poder compreender as dos demais (Lewis *et al.*, 2001).

5.1 O sistema das duas memórias
Um paciente epiléptico, foi operado com um resultado desastroso. O cirurgião retitou-lhe uma parte do cérebro que incluía a parte de ambos os lóbulos temporários, o hipocampo e a amígdala, de ambos lados. Como consequência da operação o

paciente ficou em amnésico anterógrado e só podia recordar os acontecimentos que tivessem sucedido recentemente, continuamente vivia no tempo presente e depois de passar aproximadamente uma hora do incidente,o esquecia-o. O paciente ficou fechado num presente inamovivel já que só podia recordar os eventos que tivessem sucedido recentemente e acreditava estar sempre no mesmo ano. Um paciente deste tipo abriu o campo de investigação sobre a memória humana e as experimentações começaram nele. Ao paciente foi lhe ensinador a trançar uma actividade que desconhecia antes da operação. Quando se pedia para ele trançar dizia não saber fazê-lo, mas se se lhe davam três cordas rapidamente começava a tarefa sem pensar. Os médicos confabularam-se e cada um tratava-o de uma forma diferente, uns sempre cordialmente e os outros rudamente. Apesar de não os recordar e de dizer que os desconhecia, quando se lhe pedia que escolhesse ir com um vigilante escolhia sempre a pessoa que tinha sido mais amável com ele no passado. Este doente revolucionou os conhecimentos que se tinham sobre a memória ao demonstrar que não existia apenas uma, mas sim várias memórias diferentes.

Num estudo publicado na Science, Knowlton *et ao.*, (1996) puseram a manifesto a diferença entre a memória implícita e a explícita. Usando como sujeitos pacientes amnésicos, que não podem recordar o passado, e pacientes com a doença de Parkinson que não podem recordar o presente. Na experimentação eram lhes ensinado a predizer predizer o tempo, solarengo ou chuvoso, com base numa combinação muito complexa de desenhos abstractos que apareciam na tela de um computador. Saber que desenhos predizem um tempo determinado requeria muitíssimos treinos. Os pacientes amnésicos podiam predizer o tempo, aprendiam normalmente, conservavam a memória implícita, mas esqueciam-se de ir treinar todos os dias. Ao contrário, os pacientes de Parkinson não conseguiam aprender a predizer o tempo, mas sabiam a que dias e a que horas deviam ir treinar, conservavam a memória explícita.

a) A memória explícita

Refere-se a factos, pessoas, lugares ou coisas que se recordam mediante um esforço consciente e deliberado, ou seja estudando. Este tipo de memória pode adquirir-se num ou em poucos ensaios e tem como particularidade destacada poder expressar-se em situações e formas diferentes às da aprendizagem original. A memória explícita é a memória do almacenamiento cerebral consciente de factos e eventos. Expressa-se voluntariamente e é fácil de declarar verbalmente ou por escrito, é uma memória de expressão flexível, promiscua e de mudança (Morgado-Bernal 2005).

O dicionário babylon dá uma clara definição e descreve-a como: "memória declarativa, que se recorda mediante um esforço consciente e deliberado".

b) A memória implícita

É a memória das coisas que fazemos sem pensar e sem estudar. Não requer estudos, adquire-se de maneira gradual involuntariamente e a prática aperfeiçou-a. Garante uma aprendizagem oculta, escondida, ignorada, camuflada e encoberta a todos os indivíduos. A sua expressão é em grande parte automática, inconsciente e difícil de verbalizar. Costuma ser uma memória fiel, rígida e duradoura, derivada de tipos de aprendizagem básicas e filogenéticamente antigos. A memória implícita permite-nos exercer hábitos cognitivos e motores e é muito influenciável por predisposições biológicas, como as que permitem a certos indivíduos aptidões para um determinado desporto, percepçãodo espaço, habilidades acústicas ou linguísticas (Morgado-Bernal 2005).

A memória implícita garante-nos uma aprendizagem que desconhecemos e que impregna nossas vidas. Todos os bebés aprendem o seu idioma ou idiomas maternos de forma implícita. Não aprendem normas gramaticais para fazer frases, o conhecimento implícito permite-lhes dispor das estruturas da linguagem para o seu uso. Quando esse mesma criança vai ao colégio e lhe ensinem uma nova língua, ele não a assimila implicitamente mas explicitamente, aprendendo a partir do conhecimento das suas regras e normas gramaticais. A aprendizagem emocional da criança também sucede de forma implícita. O bebé vive envolvido numa série de relações com os seus progenitores e aprende as suas dificuldades da mesma maneira que aprende a falar ou a andar. As crianças incorporam a homofobia implicitamente desde o berço, confiadamente recebem como boas todas as deficiências supersticiosas que desde a idade medieval circulam sobre a sexualidade humana. Os monoteísmos fizeram muito bem o seu trabalho, a homofobia impregna tudo de tal forma que uma criança aprende a odiar todo o homossexual, inclusive muito antes de saber dizer a própria palavra.

5.2 A vinculação e a autoestima

Federico II da Prússia, belicista convencido, queria formar um exército invencivel. Para conseguí-lo construiu uma maternidade exclusiva para criar os futuros soldados. Para tornar esstas crianças em ferozes soldados proibiu as cuidadoras terem preocupações de mães sob a ameaça de terríveis castigos em caso de desobediência. Foi-lhes proibido falar com eles, pegá-los ao colo, tocar-lhes, embala-los ou qualquer outro gesto de carinho, quer chorassem ou não. Apesar de o centro ter as condições mais asépticas do seu tempo e de os bebés estarem muito bem alimentados todos eles morreram, nem um só se salvou.

Pelos anos sessenta do XX o psicoanalista René Spitz (1965) observou que para as crianças deste centro, dormir longe da porta significava muitas vezes a morte pela falta de contacto físico e corporal com os seus cuidadoras. Muitas crianças que carecem de comunicação afectiva e corporal com as suas mães ou suas sustitutas, entram numa fase depresiva e morrem. Foi chamado a este síndrome de "hospitalismo" e produz-se em todos os bebés, que pela causa que seja, sofrem de falta de comunicação afectiva. É muito frequente em filhos de mães depresivas, agressivas ou doentes, incapazes de se comunicarem afectivamente com os seus filhos, e ainda que normalmente estas crianças não morrem, apresentam importantes problemas no seu desenvolvimento (Berman 2002).

Em 1958 John Bowlby estabeleceu a Teoria do Vínculo. Um modelo que fixa vários paralelismos de comportamento na criação do vínculo entre humanos e animais. Para Bowlby a vinculação tem carácter inato pois a relação mãe-filho é primitiva e única. Esta relação sustenta-se na base de instintos radicados na natureza humana e herdados na evolução da espécie. Mary Ainsworth (1969) definiu a vinculação como o laço afectivo que se estabelece entre mãe e filho, em pessoas ou animais, que os impulsionam a estar juntos. E descreveu três tipos de laços de vinculação:

a) Vinculação segura: filhos de mães sensíveis aos seus sinais nos primeiros três meses de vida.

b) Vinculação insegura-evitante: filhos de mães que foram insensibveis aos sinais dos seus filhos nos primeiros meses de vida.

c) Vinculação insegura-ambivalente: filhos de mães que responderam de forma inconsistente à chamada dos seus bebés nos primeiros meses de vida.

d) Finalmente a vinculação insegura-desorganizada que foi descrita em 1990, por Main e Hesse em mães controladoras.

Para a Dra. Field (1995), do Touch Research Institute of Miami a vinucalção é tão importante, como comer ou dormir, para o bom desenvolvimento do bebé porque vai progredindo no tempo e permite o desenvolvimento emocional e social da criança. O bébé recém nascido precisa destes sinais para comunicar, primeiro com os seus progenitores e depois com os seus semelhantes. Se essas primeiras vinculações fracassassem, as consequências no desenvolvimento emocional, afectivo e inclusive intelectual poderiam ser graves (dei Domenico 2006). Segundo Erickson *et al.*, (1985) demonstrou-se que, geralmente, os bebés com um afecto seguro nas suas interacções apresentam um desenvolvimento mais positivo. Uma vinculação segura pode ser inclusive um factor protector naquelas crianças que experimentam um alto grau de acontecimentos stressantes ao longo de sua vida. Pelo contrário, uma vinculação ansiosa nestas idades iniciais pode ser associaso a trastornos emocionais em idades posteriores, e inclusive a uma verdadeira psicopatologia (Egeland e Kreutzer 1991). Para Kelly *et ao.*, (2000) a interacção que as crianças mantêm com os seus cuidadores adultos é a variavel que explica o desenvolvimento infantil. Portanto é de vital importância fomentar as relações saudáveis entre pais e filhos desde a mais tenra idade já que um menino criado com uma vinculação segura segue a sua vida com uma grande vantagem e tem um apoio para superar os tempos de stress.

Os bebés humanos morrem se foram submetidos a total isolamento, mas as crias de macaco não. Os macacos criados em ambientes com total privação social (sem as suas mães ou congéneres), são muito susceptíveis de desenvolver condutas autolesivas e autolacerantes. A intensidade destas condutas relaciona-se com a duração e com a idade em que foram submetidos ao isolamento. Um macaco isolado não se sabe relacionar com outros congêneres e converte-see numa má e violenta caricatura do que deveria ser um macaco, pois o cérebro dos mamíferos não se pode formar por si mesmo (Fittinghoff *et al.*, 1974).

Um bebé adquire a linguagem emocional do mesmo modo que aprende a sua linguagem materno, de forma implícita. Primeiro o bébé e depois a criança, está submetido ao estilo concreto das relações que se desenvolvem no seu meio. Vive-as minuto a minuto, dia após dia e a sua memória implícita vai-as fazendo suas. Para o neurofisiólogo Allan Schore (1996) as primeiras etapas do desenvolvimento emocional te algo especial pois os encarregados de cuidar da criança nestes primeiros tempos influem de uma maneira decisiva em dois processos fundamentais: o desenvolvimento cerebral e a aprendizagem da regulação emocional. Para Schore (2001, 2002) a vinculação é, essencialmente, uma regulação emocional. A criança obtém a regulação por parte do adulto que cuida dele e a partir destas interacções vivas e frequentes a criança adquire a capacidade de responder ele mesmo aos estímulos e de se acalmar emocionalmente, o que mais adiante lhe vai permitir uma autor-regulação afectiva autónoma adequada.

A criança não pode avaliar, só pode absorver as relações que lhe chegam, independentemente de no mundo exterior as interacções funcionem de maneira igual ou de forma muito diferente do sistema que tem interiorizado. Se os seus pais ou os seus cuidadores têm relações doentias entre si e com ele, essa será a sua base emocional e com ela sairá depois para o mundo. Os sistemas neuronais da memória implícita gravam este conhecimento e este é o ponto de partida para cada um de nós (Lewis *et al.*, 2001). Chegado a este ponto é muito importante ressaltar que para Fonagy *et al.*, (2002) só há uma absorção total das relações segundo chegam nos seis primeiros meses de vida, a partir do sexto mês o bebé vai desenvolvendo uma habilidade de mentalizar o que lhe permitir saber ser diferente das suas cuidadores. A mentalização consistiria na capacidade de imaginar e entender o seu estado mental próprio e o dos outros. Em definitivo seria a habilidade e perícia de interpretar convincentemente a conduta alheia e a própria. A capacidade de mentalização da criança é o factor protector às respostas inadequadas dos pais (Main 1991). Para Fonagy *et al.,* (2002) o que o cuidador contribui para a relação com a criança parece ser crítico para o estabelecimento tanto da vinculação segura como da mentalização, e será a base sobre a qual configura a sua auto-estima. E muitas das crianças que foram classificados como de vinculação desorganizada na infância, mais tarde, durante o seu desenvolvimento, manipularão de forma inconsciente o seu meio com o fim de se ajustar aos seus sentimentos.

Um bebé faz todo o possível para ter os seus pais a seu lado e, normalmente, os seus olhares, risos e balbuceos têm sucesso. Esta capacidade está relacionada evolutivamente com as necessidades límbicas da criança. Décadas de investigação sobre o vínculo chegaram à conclusão de que se estabelecem relações especiais e muito elaboradas entre a criança e os adultos que são especiais e insubstituiveis para ele. O amor é muito importante e fundamental na vida de uma criança, os pais dão carinho de forma espontánea e pais e filhos captam os seus ritmos e ajustam-se. Para Lewis *et al.,* (2001) a diferença entre um cuidador sintonizado com a criança e outro quase sintonizado é tão grande como a distância entre a luz de um relâmpago e a de uma vela. Quando se frustra o estabelecimento dos vínculos límbicos correctos abre-se uma caixa de Pandora cheia de doenças, pelo que é fundamental para a sociedade descobrir qual é o período mínimo de tempo necessário para uma boa ancoragem límbica entre o bebé e a sua mãe, e ajustar o período legal de maternidade a esse tempo biológico e psicológico.

Segundo Lewis *et al.,* (2001) os bebés criados com vinculação segura, os filhos de pais equilibrados emocionalmente, serão os mais resistentes aos golpes da vida, os restantes são incomparavelmente mais reactivos à perda de apoio, e sem eles ficam desvalidos e indefesos. Há que ter cuidado ainda que nas primeiras etapas da vida sejam muito importantes, não são tudo e segundo Nathaniel Branden (1995) o destino de cada um não fica fixado para sempre nos primeiros anos de vida. A auto-estima não é fixa e inamovivel ao longo da nossa existência, aumenta ou diminui ao longo da vida pois a auto-estima está configurada por factores internos e externos. E todas as pessoas podem mudar e crescer.

5.3 Mudanças na adolescencia

Em geral todos as crianças, antes de chegarem à adolescência, apresentam um forte dimorfismo genérico. Michael Patrick Ghiglieri (2005) conta no seu livro *O lado escuro do homem* a falha de género que observou nos seus filhos enquanto cresciam. Com o mesmo brinquedo, um dinossauro, ambos brincavam de forma muito diferente. Enquanto Cliff os usava para lutarem e para se matarem entre si,a sua irmã Cristal punha-os na cama, tapava-os e cuidava deles carinhosamente. Esta marcada diferença de género observada por Ghiglieri nos seus filhos é a norma geral que descreve a grande maioria dos estudos sobre o tema. A partir dos 2,5 - 3 anos, os meninos e meninas encaixam-se numa categoria genérica e desde esse preciso instante começam a adquirir os estereó tipos próprios desse género. As meninas querem brincar com bonecas, ajudar as suas mães nas tarefas domésticas e brincar ás mamass. Por outro lado os meninos preferem brincar com carros, a guerras ou a construir coisas. E segundo Shaffer (2000) os pais consultados revelam que existem importantes diferenças de comportamento e capacidade entre ambos os sexos. Até quando não há papéis de género para adoptar, a necessidade da criança de copiar o papel genérico é tão poderosa que o inventa. Isto comprovou-se nos experimentos do kibutz Israelense, onde se pretendia educar pessoas adultas com papéis monogenéricos; ao não existir um modelo familiar para as crianças copiarem, inventavam-no (Spiro 1958). Os estereótipos de género não se flexibilizam até que a criança chegue às etapas iniciais da adolescência e, ao chegar à puberdade, mais ou menos dois anos antes na meninas, as mudanças fisiológicos que os jovens sofrem fazem com que revejam e actualizem a imagem de si mesmos (Amezcua-Membrilla e Pichardo-Martínez 2000). Para Soriano-Rubio (1999) é na puberdade quando se produz a maturação sexual e é também nesta etapa quando se especifica a homosexualidade (na maioria dos casos), ou pelo menos assim o revelam um grande número de estudos.

Apesar de a totalidade das investigações realizadas confirmarem que os homossexuais e os heterosexuais partilham um mesmo padrão endocrino em relação à concentração de hormonas sexuais, e de que a teoria da descompensação hormonal ficou sentenciada, acho que não se deveria eliminar ainda o poder hormonal como factor de bisexualidade. Dever-se-ia pesquisar como variam os receptores cerebrais para as mesmas, não que isso não tenha sido feito. Não seria nada novo; a preferência por um casal ou por varios está relacionada com o número de receptores para a oxitocina no cérebro de duas espécies de ratos, os de pradera (*Microtus ochrogaster*) monógamos, e os de montanha (*Microtus montanus*) polígamos.

A adolescência é um período difícil na vida da pessoa já que é uma etapa a que estão associados muitas mudanças físicas e psíquicas importantes. As hormonas parecem dominar tudo e os muitos jovens tornam-se susceptíveis e irritáveis. Um jovem adolescente que descobre de repente que é gay tem sérios problemas de auto aceitação que acrescentará aos problemas comuns da adolescência. Eric Marcus (2001) escreve no seu livro *Is it a choice?* que quando descobriu que era homossexual, quando era adolescente, pensava que a sua vida tinha terminado e perguntava-se:

"Como posso ser eu algo que considerava tão asqueroso, tão odiado e tão desagradável? Como posso eu ser o que as pessosas chamam de merda e maricas?"

Para Marcus a maioria dos homossexuais tem grandes dificuldades em aceitar os sentimentos de atração pelas pessoas do mesmo sexo. É muito difícil acabar com as ideias negativas que temos interiorizado, implícita e explicitamente, desde criança sobre a homosexualidade. Os homossexuais que chegam à adolescência descobrem que se sentem atraídos por colegas de seu mesmo sexo estão perante mais um problema, não são só adolescentes mas para além disso são adolescentes homossexuais. Têm que aprender a aceitar-se e a fazê-lo desenterrando uma parte importantíssima de toda a sua socialização homófoba. Fazê-lo não é nada fácil, mas é fundamental, senão a auto-estima entra em declive e o final é a explosão e a morte da auto-estima pessoal. Assim o relatou Antonio Guirado, secretário geral da Coordenadora Gay-Lésbicas da Catalunha ao jornal Espanhol O País[12]:

"Quando as crianças descarregam a sua agresividade na escola contra algum dos seus colegas, utilizam a palavra "maricas" acompanhada de algum golpe. Ao chegar ao secundário é óbvio para uma criança que se és gay és maricas, e isso significa que és diferente ou anormal e, portanto vais ser alguém a quem vão humilhar ou magoar. E, ainda que a maioria dos miudos gays aprendam a esconder-se, o custo de negarem a sua própria condição tem um preço muito alto: começam a odiar-se a si mesmos".

Desde bebés a maioria tem interiorizado que ser homossexual é algo tremendamente mau, pois as crianças aprendem a ser homófobicas, a odiar todo o homossexual, inclusive muito antes de saberem o que significa a palavra. Para além disso em todos os seus ambientes sociais, como a escola, as crianças reafirmam que não ser heterosexual é algo anormal, punivel, motivo de ataque e de gozo. Pelo que quando chegam à adolescencia e descobrem que são gays ou lésbicas todo o seu sistema se vem abaixo, desmorona-se literalmente; pois a pior homofobia é a que começa em si mesmo. Se pudessem, estas crianças aferrar-se-iam à heterosexualidade como a um finco ardente, mas os Kinsey de garu 6 estão tão biologicamente determinados que não podem fazer nada, e para o resto dos graus, a heterosexualidad homófoba será a única opção possível.

A incapacidade de formatear a própria memória para apagar todo rasto de homofobia faz com que aceitar a própria orientação sexual leve muito tempo e implique muita dor. A não aceitação da própria sexualidade é um dos factores de risco para a conduta suicida. Pelo que a homofobia está envolvida na gênese dos principais trastornos mentais que se apresentam nos homossexuais. A estigmatização da homosexualidad gera baixos níveis de auto-estima no indivíduo e fá-lo muito susceptível a padecer de doenças mentais acompanhadas de tentativas de suicídio (Granados-Cosme e Delgado-Sánchez 2008). Os adolescentes homossexuais são os indivíduos mais vulneráveis e afectados pelos trastornos relacionados com o ódio contra si mesmos ou a falta de auto-estima (Barney 2003). Segundo Jorm *et al.,* (2002) os adolescentes gays nos EUA têm entre 2 a 6 vezes mais possibilidades de se suicidarem que os heterosexuais, e mostram maiores taxas de trastornos mentais. No Reino Unido, 43% dos adolescentes homossexuais mostra algum trastorno e 31% teria tentado suicidar-se (Warner *et al.,* 2004). Para Erwin (1993), em todo mundo, estas pessoas detêm as taxas mais altas de tentativa de suicídio e têm maior prevalência de trastornos depressivos, ansiedade, ataques de pânico e de stress psicológico.

Quando um adolescente descobre que é gay, filho de pais equilibrados ou desequilibrados, o seu sistema desmorona-se e precisa do apoio da sua família o reanimar, precisa saber que eles estão lá e que gostam dele tal como ele é. Isto é fundamental para manter a auto-estima, o resto, como a auto-aceitação, chegará com o tempo. A sociedade é profundamente homófoba e esta homofobia que os monoteísmos demoraram séculos em impor pela doutrina às crianças não pode ser suprimida de uma vez. A parte interna da auto-estima vê-se reforçada com o apoio familiar, a maioria das vezes não se trata de dizer ou fazer nada de novo ou de anormal para refazer a auto-estima do jovem, para a criança saber que nada mudou e que sua família está lá, que o querem e o aceitam pode ser suficiente. Se não é assim basta dizer: -queremos-te e apoiamos-te - e demonstrá-lo.

5.4 Auto-estima e sexualidade
Numa sociedade homófoba como a nossa, tudo o que se diferencie da heterosexualidade é tratado com aversão, repulsa e medo. A homofobia é uma invenção monoteísta e o monoteísmo é uma invenção humano. Um Rei Egípcio, o faraó Akenatón(1300 anos antes do nascimento de Cristo), converteu o Sol no seu único Deus e criou o primeiro fanatismo monoteísta. Para Assmann (2003) as religiões monoteístas, por norma, recusam todo o passado como pagano e idolatra e, portanto, tudo o que proceda do mundo anterior deve ser repudiado. Já que as religiões politeístas aceitavam como naturais e boas as relações sexuais, os monoteísmos viram-nas como perigosas. Os seus sacerdotes converteram-se em semi deuses e fixaram a doutrina sexual de acordo com a que viam na natureza, talvez se em vez

de sermos simios tivéssemos sido cabras tivessem acertado. Permitir que um sacerdote interprete a biologia é tão perigoso como permitir a um carpintero realizar um transplante de coração. O monoteísmo intransigente que não tinha triunfado no Egipto manteve-se latente até que triunfou e arremeteu ferozmente contra tudo o antigamente permitido. Para os antigos ,o sexo era algo natural e bom pelo que passou a ser algo pecaminoso e proibido. Se o sexo geral cerceou as relações homossexuais que não se viam habitualmente no mundo animal, elas foram consideradas diabólicas e duramente perseguidas, pois se Zeus e muitos dos demais deuses politeístas as praticavam tão assiduamente só podiam ser satánicos. O monoteísmo, com os seus novos semi deuses cruéis e temerários voltavam para ficar e para diminuir as liberdades das pessoas. A invenção do malvado faraó Akenatón triunfou milhares de anos após a sua morte para desgraça dos humanos. Os humanos são simios, e os simios monosexuais são extremamente violentos. A evolução, que por sorte não sabe nada de religiões, aproveito-se de um fenómeno que se produz de forma espontánea na natureza e generalizou-o aos simios humanos. A homosexualidade no mundo animal não é tão comum e corrente como nos humanos, mas existe. A forma mais simples e natural que a natureza encontrou de frear e mitigar a violência dos simios humanos foi convertê-los em bissexuais. A bisexualidade não é uma invenção humana, não é a sexualidade doente que ainda se prega por aí, é tão só a forma mais fácil, natural e simples que a evolução encontrou de moderar, suavizar, atenuar e debilitar a violência intrínseca que se encontra profundamente enraizada nos genes de todos os primatas e, portanto, nos homens. É definitivamente o factor que permitiu que os primatas de nossa espécie se convertessem em simios menos agressivos e violentos A homosexualidade não é, portanto, nada anormal, é só uma forma de ser bissexual, menos violento e humano.

Num mundo homófobo como o nosso devemos encontrar na nossa pessoa a estabilidade que não podemos encontrar fora, aceitar-nos como somos e sentimos, pois como diz Nathaniel Branden (1995) há realidades que o indivíduo não pode evitar e uma delas é a auto-estima. Não podemos permanecer indiferentes à nossa auto-avaliação ainda que queiramos. Sentir-mo-nos atraídos por uma pessoa do mesmo sexo não é mau, não prejudica ninguém, e quando a atração é reciproca só é necessário pensar que o amor correspondido é sempre bonito. A pessoa que finge ser heterosexual deve ajustar-se e adequar-se ao que pensam os outros para assim evitar as suas condenações. Segundo Maslow (1972) uma pessoa dependente não é livre, não pode dirigir o seu próprio destino. Este sentimento cria a escravatura, o medo e a hostilidade pois é muito difícil, quase impossível, que todos estejamos de acordo com o que fazemos. Para além disso, os que jogam este jogo nunca serão felizes porque jamais serão heterosexuais. A realidade é que, ser homossexual não é nenhuma escolha. Há que se aceitar e tentar criar na própria pessoa a estabilidade que não se pode encontrar fora da sociedade, então paradoxalmente quando te aceitas, a sociedade aceita-te.

Para Branden (1995) a essência da auto-estima é reconhecer que somos merecedores da felicidade e confiar na nossa própria mente. Só quando alguém pode confiar na sua própria mente e nos seus próprios actos a vida corre bem. Uma auto-estima alta ajuda-nos a lutar perante as dificuldades e problemas, ajuda-nos a não nos rendermos e, sobretudo, consegue a aceitação dos demais. Se te aceitas como és os demais também o fazem, é uma lei própria da natureza humana. O auto respeito força o respeito dos demais. Ser homossexual é tão bom como ser heterosexual, uma vez aprendida e aceitada esta verdade existencial a autoaceitação deveria ser mais simples.

Cada um de nós é uma pessoa única, essencial e especial. A felicidade na vida tem de ser a meta a atingir, não nos podemos render porque a nossa sexualidad não é a que a sociedade quer. Há que entender que a unicidade de cada um está escrita no que somos; se fossemos de outra maneira seríamos pessoas diferentes. Dos milhares de milhões de seres humanos que povoam o planeta nenhum é idêntico a ti e nenhum se pode sentir completamente igual a ti, és único. Sendo uma pessoa boa, especial e única valoriza-te como uma jóia.É a valorização mais importante que farás na tua vida e dela depende o teu presente e o teu futuro emocional. Se gostarmos de nós tal e qual como somos, apesar dos problemas, a vida só pode correr bem.

Capítulo 6

A construção da personalidade: a socialização grupal

Judith Rich Harris (1999), uma escritora de psicologia do desenvolvimento que convalescia de uma doença, escreveu um livro para contestar um artigo da revista Nature sobre educação. O livro teve um grande impacto e armou um grande escândalo porque afirmava basicamente que:

a) Os estilos de criação identificados em centenas de trabalhos não são válidos.

b) A influência paterna é escassa ou nula na personalidade dos filhos.

c) Propunha a teoria de que a socialização se produz através do grupo. As crianças e jovens socializam-se mediante o contacto com os seus amigos e crianças mais velhas.

6.1 Criando cidadãos

O livro de Harris *The nurture assumption* foi publicado em 1992 em Língua Inglesa, ainda que a edição em Espanhol só tenha aparecido em 1999 com o título: *O mito da educação*. Não concordo com argumento de Harris de que a influência dos pais na educação de seus filhos é escassa ou nula, pois como se viu no capítulo anterior os pais são fundamentais para ajudar a formar a auto-estima da criança, e, segundo a sua auto-estima, verá o copo meio cheio ou meio vazio, tendo tendência para se relacionar de uma maneira ou outra. Mas da mesma maneira que errou sobre a influência paterna, acertou em cheio sobre a teoria da socialização grupal. Cada um de nós tem uma base genética,os nossos pais ou cuidadores dar-nos-ão uma ferramenta para a auto socialização e por mimetismo grupal acabaremos socializados no grupo em que vivemos. Este terceiro membro é fundamental para o equilíbrio pessoal. A construção da personalidade precisa dos três pilares, é como um banco de três pernas que, ao serrar alguma das pernas, se desajusta e desiquilibra-se.

A cultura é uma forma de vida global entrelaçada que vai enchendo os conceitos de práticas sociais,na maneira em que é experimentada pelos agentes sociais (Williams 1980). Para Ramírez-Varela (2008) quando falamos de cultura fazemos referência a uma série de crenças, formas de organização, costumes e formas de produção, que incorporam os sujeitos nas suas práticas sociais, sejam estas de carácter individual ou colectivo.

Os filhos dos imigrantes convertem-se em membros da cultura do país de acolhimento, e ainda que no lar mantenham outra cultura para se relacionarem com os seus pais, quando saem de casa mudam de "chip" e convertem-se em membros do pleno direito de cultura da rua. Isto é o que ocorre às crianças que vão à escola com outras crianças membros da cultura maioritária: estas crianças perdem rapidamente a cultura dos seus pais e convertem-se em membros plenamente integrados na cultura dominante. "Melting-pot" é uma palavra inglesa usada para designar este fenómeno nos EUA, que converte a pessoas de diferentes culturas em membros assimilados à língua e cultura dominante "White-Anglo-Saxon-Protestant-Male" (Waspm). Mas se as crianças vão à escola onde as outras crianças são também filhos de imigrantes do mesmo país de origem, e vivem em áreas zonais onde só vivem imigrantes, então as crianças misturam as duas culturas e o "melting-pot" suaviza-se. Nestes casos serão necessárias várias gerações para a assimilação à cultura dominante (Harris 1999). Nos Estados Unidos , onde o fenómeno está muito estudado, os primeiros imigrantes do século XIX (Irlandeses, Alemães e Escandinavos), fiéis ao modelo, assimilaram-se e adaptaram-se rapidamente à cultura preponderante e os seus filhos integraram-se muito rapidamente na sociedade dominante (Pries 1999).

Todos nós quando vamos a um lugar novo tantamo-nos integrar nele. Seguimos o lema do refrão: "ali onde fores faz o que vires". A maioria das vezes fazemo-lo de forma instintiva. Tenho uma amiga que foi dar aulas para a Argentina durante dois anos e sempre que vinha de férias vinha a falar um Espanhol

Portenho, e quando voltava a Buenos Aires ia a falar Castelhano de Barcelona. Segundo Harris (1999) para as crianças é bastante mais do que isso: quando estão em Roma convertem-se em Romanos. Tanto faz qual seja a origem que tenham os seus progenitores, vence sempre a cultura do país de acolhimento, e ainda que pareça que nos EUA não tenha sido assim com os imigrantes do século XX, isto é falso. Segundo Pries (1999) a partir dos anos 60 constituíram-se comunidades étnicas com uma identidade cultural própria, diferentes da cultura Waspm. Os imigrantes Europeus foram substituídos por imigrantes Latinos e Asiáticos com uma migração continua e imparável. A chegada de novos imigrantes conta com uma rede muito sofisticada de ajuda, com a solidariedade de familiares e conhecidos que já vivem na cidade. Os filhos destes imigrantes unir-se-ão a crianças da sua mesma origem e falam um Inglês com um sotaque determinado e não se integram na cultura nacional dominante, mas na subcultura da que fazem parte, mas não conservam a cultura dos seus pais.

Harris (1999) diz que o objectivo de uma criança não é converter-se num adulto de sucesso, mas numa criança com sucesso. Este razoamento pode ser traduzir a qualquer subgrupo humano. As crianças e os adolescentes são membros incompetentes da sociedade adulta, na mesma medida em que são membros competentes da sua própria sociedade de crianças ou de adolescentes. Somos seres sociais que estamos programados para nos relacionar com as outras pessoas do grupo a que nos juntamos. Se formos viver para outra cidade ou para outro país procuraremos outros indivíduos socializados como nós. Ainda que os encontremos, com o tempo acabaremos interiorizando parte dos costumes e regras da nova sociedade, e na medida do possível acabaremos falando e comportando-nos como eles. A solidão acarreta muita dor, pelo que implicitamente, de forma inconsciente, todos nós nos mimetizamos absorvendo os princípios gerais do grupo em que vivemos. Por isso a aprendizagem de uma língua diferente da própria é facilitada com a imersão linguística num país onde se fala essa língua. A aprendizagem dos detalhes profundos de um idioma requer o seu uso continuado, algo que raramente se consegue quando o idioma é aprendido só a nível académico no próprio país pois as línguas aprendem-se de maneira implícita enquanto somos crianças e, à medida que nos tornamos adultos, as nossas capacidades de aprendizagem linguística diminuem (Lewis *et al.* 2001). Todos os pais bilingues, que têm crianças aos quais lhes ensinaram o seu próprio idioma, sabem que estes falam da mesma maneira que as outras crianças o idioma do país de acolhimento. Segundo Schaller (1991) a língua é o cartão de identidade que nos permite pertencer a uma determinada sociedade. Uma criança não se sente parte da tribo dos seus pais, mas da sua própria tribo.

Para as classes altas Britânicas falar Inglês com um determinado sotaque era uma maneira de pertencer a uma classe superior. O sotaque conseguia-se em determinados colégios como Eton bem como se adquiriam também todos os aspectos da classe alta Britânica. O sotaque passava das crianças mais velhas às mais novas, geração após geração. Os filhos que não podiam enviar os seus filhos para estas escolas de subcultura aristocrática, viam como os seus filhos não falavam com o sotaque aristocrático que eles utilizavam por terem assistido como os seus irmãos a estes colégios de elite (Harris 1991).

Em princípios de 2008 uma amiga minha teve um bebé. Convencida das vantagens do aleitamento materno face ao biberão, para ela foi um trauma ter que completar o aleitamento da sua criança com biberão porque não produzia leite suficiente e o bebé passava fome. Apesar de a sua mãe a ter alimentado com biberão, quando falávamos ela preocupava-se sempre sobre a possibilidade de o vínculo afectivo com o seu bebé ser menor que o que se iria estabelecer se a criança apenas mamasse. Se a criança chorava demasiado ela temia que pudesse ter uma doença devida a uma pobre imunidade pela escassez do período de aleitamento materno. Era muito difícil convencê-la de que todos os benefícios do aleitamento materno eram iguaia quando lhe dava o peito e o pouco leite que tinha. Eu repetia-lhe: -O biberão afinal de contas é um suplemento- e ainda que ficasse momentaneamente convencida, quando falada de novo com amigas na mesma situação ou quando lia na Internet sobre o tema, voltavam todos os seus medos iniciais.O seu marido não era de muita ajuda porque partilhava os seus mesmos medos. Cada época tem os seus próprios pontos de vista. Apenas a um par de décadas atrás, a sua mãe tinha considerado mais adequado cria-la com biberão. As pessoas cuidam e educam os seus filhos como se faz no período em que vivem, não como se fazia quando os seus pais fizeram com ele.

Na última década Espanha converteu-se num país de imigrantes. Se olharmos em nosso ao redor dar-nos-emos conta de que, à pequena escala, também aqui se produz o chamado "melting-pot". A maioria dos filhos destes imigrantes compartilham a mesma cultura que os seus amigos nativos e os seus pais aderem sem se darem conta, pouco a pouco, à cultura do país. Tenho uma amiga Colombiana casada com um Catalão que se tem mimetizado em Espanhola. Mas até na nossa própria sociedade as atitudes face a determinados acontecimentos diferem de um bairro para o outro. É possível ver um casal de gays de mãos dadas ou beijando-se no bairro do Eixample sem que ninguém se escandalize, mas isto é quase impossível em Horta e ambos são bairros de Barcelona.

6.2 O grupo e família

O comportamento delitivo dos jovens está muito influenciado pelos vínculos que desenvolvem com os grupos sociais nos que vivem (família, amigos, escola), sendo estes vínculos sumamente determinantes no seu comportamento (Elliot *et al.*, 1985; Bartollas, 2000). O projecto de investigação "The Program of Research on the Causes and Correlates of Delinquency" iniciado em 1986 pelo "The Office of Juvenile Justice and Delinquency Prevention? (OJJDP)[9] foi desenhado para conhecer as causas da delinquência juvenil. Estudou os jovens no contexto do seu grupo social e do seu grupo familiar e, segundo Browning *et al.,* (1999), o estudo permitiu conhecer algumas das causas do risco de delinquência entre os adolescentes. Este enorme programa englobava três investigações diferentes coordenadas por três universidades. A Universidade de Colorado dirigiu o estudo "The Denver Youth Survey" que seguiu 1.527 miudo de 9, 11, 13 e 15 anos, procedentes de bairros de alto risco de Denver e, segundo as suas conclusões finais, ter amigos com um comportamento convencional, uma família estável com um adequado controle paterno, expectativas de futuro e não ter amigos delinquentes gera comportamentos normais ou não delitivos (Loeber *et al.,* 2001). A Universidade de Pittsburgh realizou a investigação "The

Pittsburgh Youth Study", um trabalho que monitorizou durante mais de uma década crianças de escolas públicas de três idades diferentes.Nas suas conclusões finais Browning e Loeber (1999) observaram que a delinquência se relaciona com factores genéticos (impulsividade, coeficiente intelectual e personalidade), factores familiares (uma deficiente supervisão, má comunicação e castigos físicos), factores económicos (miséria, escassez, indigência, necessidade e pobreza) e factores sociais (habitar em bairros conflictivos). A Universidade de Albany foi a encarregada do terceiro projecto, "The Rochester Youth Development Study". Este estudo realizou-se sobre uma amostra de mil crianças, 729 do sexo masculino e 271 do sexo feminino, qualificados como potenciais delinquentes. Nas suas conclusões finais os autores expõem que a delinquência está relacionada com factores sociais. A classe baixa e a amizade com amigos delinquentes conduz a condutas delitivas, mas puntualizando que, se os meninos se sentem queridos pelos seus pais, o seu envolvimento em actividades delitivas será muito menor (Browning *et al.*, 1999; Lizotte e Sheppard 2001). Para Vásquez-González (2003) os estudos do "The Office of Juvenile Justice and Delinquency Prevention" e as suas importantes conclusões são a base mais seguida na implantação de programas para a prevenção da delinquência em todo mundo.

Judith Harris (1991) conta o caso de Larry Ayuso, um miúdo que vivia em Bronx, predestinado a converter-se delinquente que, depois de ser retirado do bairro por um programa social e realojado numa cidade de Novo México, conseguiu mudar as suas perspectivas de futuro. E concluiu que viver num determinado bairro influi na forma de comportamento.

6.3 A protecção dos guetos

Muitos homossexuais, em grandes e médias cidades do Ocidente agrupam-se em bairros exclusivamente gays para se poderem expressar abertamente e acabam assim formando guetos culturais. Muitos dos homossexuais que vivem nestes bairros têm duas culturas, uma que praticam no seu bairro e a outra que vivem com o resto dos colegas nos seus trabalhos diários.Para muitos deles ser homossexual é um segredo fora do bairro, é uma forma de fugir da homofobia tão enraizada na sociedade. Há uns anos conheci um miúdo que tinha proibido os seus amigos do bairro de Chueca (Madrid) que o chamassem para irem a sua casa. Ainda que passasse a maior parte do seu tempo livre em Chueca nenhum de seus familiares sabia que era gay.

Todos somos membros de um grupo cultural e queremos ser membros do pleno direito dessa cultura e formar subgrupos é uma boa forma do conseguir. Mas os guetos culturais têm um perigo, pois como reza a história, em determinados momentos podem ser objecto de ataque por parte da cultura dominante. Em tempos de stress e de ira contra as minorias podem ser usados como forma de escape.

6.4 Homosexualidade e ambiente

Se a homosexualidad fosse, como defendem alguns autores, mais ambiental que genética praticamente não existiriam homossexuais no mundo. Ser homossexual não é fácil em nenhuma idade, mas para as crianças e adolescentes é bem mais difícil. Segundo Ambiente G[10] o insulto preferido das crianças nas escolas Inglesas durante 2008 foi a palavra "gay", usada como insulto 83% das vezes seguido de "puta" usado 59% das vezes. Na tolerante Holanda tiveram que criar um Site para as crianças gays para que pudessem expor as suas dúvidas e contar como se sentem sem se exporem aos ataques e golpes homófobos dos seus colegas. Um estudo foi realizado em Espanha pela Federação Estatal de Lésbicas, Gays, Transexuais e Bisexuais (FELGT)[11] e publicado em 2009. Os jovens LGTB (lésbicas gays, transsexuais e bisexuais) sofrem de assédio por parte dos seus colegas de turma; 56,2% sofreram violência psicológica ou física na escola e, 67% sofreram-na fora dela. E com muita frequência sofrem também a rejeição dentro da própria família. Segundo o relatório:

"Os jovens LGTB mostram grande desconfiança pelo seu meio mais próximo. Não confiam as suas preferências sexuais a quem não é igual. Um terço das mães ignora a identidade sexual de seu filho ou filha".

Segundo um artigo publicado no jornal Espanhol O País[12] publicado o 10 de Maio de 2008:

"Hoje há evidências de que mais da metade dos suicídios entre a população de adolescentes homens é atribuido à discriminação por orientação sexual. No ano 2006, 2.504 homens tiraram a sua própria vida em Espanha, três vezes mais que as mulheres. O suicídio é a segunda causa de morte, após os acidentes de trânsito, para os homens entre os 15 e os 35 anos. Se se tiver em conta que entre 5% e 7% dos acidentes de trânsito se atribuem também a suicídios encobertos, e que há mortes que ficam ocultas por outras causas, é possível que o suicídio seja a primeira causa de morte nos homens entre 15 e 35 anos"

Também conta o artigo que um em cada três homens jovens suicidas é gay. A estatística é arrepienate e não só sucede apenas em Espanha mas em vários países como a Austrália, Dinamarca, Estados Unidos, França, Inglaterra e Irlanda. A possibilidade de um jovem gay tentar terminar com a sua vida é 25% maior que para um jovem heterosexual. Marc Shelly, do Hospital Fernad-Vidal de Paris, autor do relatório Francês afirma numa entrevista para a citada reportagem que a tendência para o suicídio nos jovens gays está vinculada a factores do meio social. E conclui que se se extrapolarem os resultados, pode-se considerar que metade dos jovens suicidas ou são homossexuais ou questionam a sua orientação sexual. A rejeição social faz com que os jovens homossexuais sejam mais susceptíveis a cair no mundo da droga, álcool, promiscuidade sexual e suicídio (Sell e Becker 2001).

Recordemos que segundo Harris (1999) o objectivo de um jovem é converter-se num jovem com sucesso. Para estes miúdos, como para todos os humanos em geral, o seu objectivo é integrarem-se e mimetizarem-se com o seu grupo.É certo que falam com a mesma pronuncia, gostam das mesmas séries, ouvem a mesma música, pensam de forma muito parecida, jogam os mesmos videojogos e, no entanto, ainda que o tentem, não podem mudar a sua atração por uma pessoa do mesmo sexo por outra do sexo oposto porque a sua informação genética não lhe permite.

É tão forte o poder da socialização grupal que a maioria dos adolescentes homossexuais tentam adaptar-se ao grupo negando-se a sí mesmos. Esta auto negação mental frente aos instintos, tão potentes na adolescência, é o que leva alguns jovens à depressão ou ao suicídio. Com este panorama tão aterrador é normal que os bisexuais que não pertencem ao extremo homossexual da escala socializem implicitamente como heterossexuais e recusem qualquer sentimento homossexual que possa aparecer antes de relamente aparecer.Aqueles homossexuais dos extremos se puderem reprimir o suficiente os seus instintos biológicos para se fingirem heterossexuais fa-lo-ão. Todos os adolescentes querem ser como os outros jovens, não desejam ser recusados. Não se pode negar, portanto, que existe a socialização grupal que propôs Judith Harris quando é tão forte que a incapacidade de se acomodar a ela é capaz de levar muitas crianças ao suicídio. E ainda que custe acreditar, muitos adolescentes homossexuais preferem morrer antes de se converterem e não fazerem parte do grupo.

A nossa herança genética instala-nos num dos graus da escala bissexual, e na bissexualidad nada é simples. Os indivíduos mais próximos do extremo homossexual são os que têm que lutar com mais força para que predomine o seu instinto heterosexual, e esta luta interna vai convertendo-os, pouco a pouco, em ferozes homófobos. Como para estas pessoas refrear os seus instintos homoeróticos é factível e viável, empregando maior ou menor esforço segundo a posição que ocupem na escala, chegam à conclusão de que para todos os demais indivíduos esta contenção é possível e banalizam o desejo homossexual como uma tentação satánica. Cada pessoa vive num mundo afectivo tão singular, pessoal e próprio que é único e incomparável com o do resto dos demais mortais. Estes indivíduos não se dão conta que para as outras pessoas, dependendo do lugar que ocupem na escala, as coisas são muito diferentes. A sexualidade humana está graduada, a natureza fez-nos assim, o melhor portanto é desfrutar do que cada um de nós é.

Por sorte os bairros gays das cidades ocidentais permitem o contacto, a integração e socialização no subgrupo homossexual aos jovens adolescentes gays. Mas quando até isto falha há que recordar que a socialização grupal, ainda que sumamente importante, não é tudo. Também existe uma socialização grupal familiar. Todos fizemos parte de uma família e esta é importante em maior ou menor medida. E tal como as crianças, que se sentem queridos pelos seus pais têm menos envolvimento em actividades delitivas, os homossexuais que se podem refugiar na sua família podem-se ver livres da ideia do suicídio e acabar aceitando-se tal como são, ainda que isso suponha o duro preço de se afastar do seu grupo. Para Elzo (1998) mais de 80% dos adolescentes Espanhóis consideram a família como um espaço seguro de estabilidade, um colchão protector e um espaço de convivência, pelo que há que aproveitar este sentimento que pode ser fundamental para os jovens.

A família tem que ter um lugar seguro que permita a socialização grupal quando a da rua falha. Tem que ficar claro que se ambas falham o indivíduo está totalmente sozinho e impotente, e muitos preferirão o suicídio e a morte à solidão.

Capítulo 7

Chimpanzés monosexuais, Bonobos pansexuais e humanos bisexuais

O sexo é bom e natural. Mas por alguma razão que desconheço, a maioria das religiões tem-no satanizado como algo mau, pervertido e pecaminoso. Aos 12 ou 13 anos, na catequese, ensinaram-nos que masturbarmo-nos era mau, que podia acarretar sérios problemas à saúde e que a longo prazo podiam deixar as pessoas cegas e perturbadas . Nessa essa idade, quando as hormonas começam a despontar, e essas pessoas desejam masturbar-se a toda a hora, era considerado delito. Por sorte a catequese era só aos Sábados, o resto dos dias íamos ao colégio. Não me lembro como nos atrevemos, mas lá nos decidimos e perguntámos ao nosso professor de matemática. Todos o adorávamos porque era uma boa pessoa de trato fácil e próximo. Explicou-nos que isso eram superstições sem base científica alguma. Também nos disse que masturbarmo-nos era normal em crianças da nossa idade. Nessa semana tivemos aulas de sexo porque no dia seguinte o professor de ciências deu-nos uma aula sobre a sexualidade e até o professor de História e o de Linguagem fizeram o seu contributo. Por sorte, para nós, o espírito da transição Espanhola que reinava nessa época permitiu-nos escolher entre duas versões bem diferentes da mesma história.

A sexualidade dos chimpanzés, bonobos e humanos é muito diferente. Os bonobos são pansexuais, os chimpanzés são rigorosamente monossexuais e os humanos são bissexuais. Os chimpanzés praticam uma sexualidade exclusivamente reproductiva. Os bonobos podem ter relações homossexuais e relações heterosexuales e gostam de praticar ambas. Os humanos, com a nossa bisexualidade graduada, estaríamos entre os chimpanzés e os bonobos. Para além disso a diferente sexualidade em cada espécie faz com que tenham comportamentos sociais diferentes. Portanto a sexualidade pode considerar-se como o factor diversificador destas condutas. E, mais concretamente, a bisexualidade humana deveria ser valorizada como o factor que permitiu a humanização.

O nosso ADN é mais similar ao dos bonobos e chimpanzés que ao de qualquer outro simio e a eles lhes ocorre o mesmo connosco (The Bonobo Conservation Initiative 2002). Entre gorilas e chimpanzés há mais distância evolutiva que entre os chimpanzés e humanos. E já que os chimpanzés e bonobos são as espécies de primatas vivas mais próximas ao homem vale a pena ver os seus comportamentos sociais.

7. 1 Chimpanzés. Monosexualidade

Os chimpanzés são uma espécie de primatas homínidos que vivem nas selvas tropicais e sabanas húmidas de África e apresentam dimorfismo sexual. Os machos são maiores que as fêmeas, medem mais 160 cm e pesam aproximadamente 70 Kg, as fêmeas são de menor tamanho, medem uns 130 cm e pesam cerca de 40 Kg. Todos os machos de um mesmo grupo estão emparentados já que os machos permanecem no grupo dos que nascem, toda a sua vida, são as fêmeas jovens que abandonam a comunidade quando chegam à idade adulta. Ambos os géneros, apesar de serem mais pequenos que os humanos, possuem uma força muito superior à nossa.

Os chimpanzés têm modos muito bruscos. As suas comunidades são hierárquicas e estão dominadas pelos machos que são os que tomam todas as decisões. Nas suas sociedades hierarquizadas, ser do sexo masculino supõe ocupar a posição mais alta da esclaa; o sexo feminino conta muito pouco. Um macho jovem passa à idade adulta dominando todas as fêmeas, às que golpeará, pisara, atacará e esbofeteará até que reconheçam o seu domínio (Wrangham e Peterson 1998).

Os chimpanzés têm um carácter ambicioso e manipulador com uma fortíssima aptidão de poder. Um macho retaliará a qualquer outro que desconfie ser mais débil, pelo que a necessidade de contar com aliados é vital dentro do contínuo jogo hierárquico. O macho alfa é o dono e senhor do grupo, ele é quem impõe a sua vontade. Chegar a ser macho alfa significa gozar de um poder quase absoluto na comunidade, aceder sempre à fêmea que lhe agrade, chegar primeiro à comida e ,também, gozar do respeito de todo o grupo. Pelo que todos os machos estão obsecados em conseguir um patamar mais alto (Goodall 1994). Como diz um provérbio: "hay más dias que longanizas", pelo que os outros machos estarão à espreita esperando o seu momento para derrotar o macho alfa e ocupar o seu lugar num ciclo de violência sem fim. O macho que deseja ascender na escala social e tornar-se dominante desenvolve condutas e atitudes muito agressivas, ainda que saiba que não se trata apenas de força mas também de intrigas políticas, pois não será ele o mais forte a conseguir o poder a não ser que conte com mais aliados políticos. E já que as alianças não são eternas o poder também não é, pelo que um macho alfa ocupa a sua posição uns quatro ou cinco anos antes de ser desbancado por uma intriga de outros machos. Logo que um macho alfa chegue ao poder tem de mantê-lo dia-a-dia dia e permanecer em alerta constante porque o seu posto será invejado pelos outros machos que estarão sempre à procura da maneira de o derrotar e de se colocarem a eles, ou a outros, no seu lugar. Isto faz com que as disputas pelo poder político sejam ininterruptas e intermináveis.

Esta necessidade permanente de intrigas e de coligações faz com que os chimpanzés tenham uma estimulante vida política (de Waal 1993). As alianças entre machos adultos determinam quem será o macho dominante ou alfa, pois para chegar a chefe há que desafiar e vencer o actual pelo que se precisam de bons aliados para conseguir o objectivo (Goodall 1994). As frequentes intrigas políticas parecem retiradas do livro de Maquiavel, já que os alfa desejam a toda o custo manter o seu poder, conserva-lo e aumenta-lo. Para o chimpanzé alfa, como para o príncipe, a relação com os seus governados é fundamental. Um chefe alfa está obrigado a manter uma extraordinária imparcialidade nas disputas, e nelas não pode favorecer os seus amigos. Um alfa demasiado dominante e severo sofrerá um levantamento, urdido geralmente por uma coligação de fêmeas, que acabe com o seu desterro na zona fronteiriça onde a sua vida está em sério perigo e não vale praticamente nada. Ser macho alfa tem grandes benefícios e muito poder, mas também provoca um pesadíssimo stress. Até 50% dos machos morrem prematuramente, o que faz com que a sua proporção seja metade que a das fêmeas e que a sua vida seja menos longa que a dos seus parentes bonobos. Ser uma autoridade é para eles como uma potente droga. O poder é tão afrodisíaco e adictivo como para os nossos políticos. Pelo que quem o ocupa estará sempre em precaridade, sempre haverá outros que o desejam e, para além disso, existe uma tendência natural nos chimpanzés a alienarem.-se com o mais débil (de Waal 2007). Um macho quer conservar o seu comando a todo o custo e perderá toda a contenção se for desafiado, pelo que tem de estar sempre expectante e fará uma constante exibição de seu poder: ula e dá golpes no solo, arrepia o seu pelo para parecer maior e carrega directamente contra o resto dos indivíduos sem nenhuma contemplação de forma a que todos fujam antes de receber algum golpe. É ele que manda e está disposto a demonstra-lo à custa de pancada, mas uma vez mostrada toda a sua força o chefe alfa senta-se, tranquiliza-se e volta a paz ao grupo.

Os chimpanzés machos caracterizam-se pelas suas contínuas refregas, brigas e agressões, competem pelos alimentos e disputam para se juntarem com as fêmeas. Como vimos, face a um conflito usam coligações políticas calculadas (um indivíduo não envolvido no conflito decide ajudar um dos seus contendientes). São intrigantes e todos os membros do grupo têm as suas preferências e as suas antipatías pessoais e guiar-se-ão por elas na hora de actuar. Estas preferências entre indivíduos conduzem diariamente a eleições. As interacções agressivas entre chimpanzés machos são muito frequentes, ainda que normalmente só intervenham dois animais é possível que se produzam brigas entre pelo menos 15 animais (de Waal 1993). Após estas reiteradas brigas, algumas podem ser muito violentas com feridas profundas causados pelos seus poderosos caninos em todas as partes do corpo inclusive no escroto, os chimpanzés têm a necessidade de se reconciliarem entre si. Para se perdoarem aproximam-se um dos outros, abraçam-se e espiolham-se, e ainda que a violência brutal faça parte da vida do chimpanzé, esta tende a estar controlada nas suas comunidades. Para que não se descontrolem, as fêmeas costumam intervir interrompendo-os.

Estes animais não são herbívoros mas sim omnívoros, gostam muito de carne pelo que caçam graciosamente, partindo os ossos do cránio, e podem-se alimentar quando os animais ainda não estão mortos. Para eles matar é fácil! Fazem guerra às comunidades vizinhas por causa das suas jovens fêmeas e pelo seu território, não têm piedade com os adultos velhos e as suas relações com outras comunidades são sempre tremendamente hostis.

A hierarquia que impregna tudo também afecta as fêmeas, mas o feminino não é questão de força mas sim de idade e de personalidade pelo que é mais estável. As fêmeas mal intervêm no poder e não formam coligações entre elas, pois ao contrário dos machos não são parentes e, sem o cimento vinculador do sexo genito-genital do bonobo, o vínculo entre fêmeas não se forma. Várias fêmeas juntas com um macho submetem-se a ele e obedecem-lhe, e à hora de comer esperam que eles terminem para depois poderem comer.

Saúdam-se com beijos e abraços. O sexo com função reproductiva é a sua única obrigação; não têm sexo com função social como os seus parentes bonobos. As suas relações sexuais são monossexuais e clássicas com copulação exclusivamente na posição canina, sem nenhuma variedade. E sem sexo social como mitigador de conflitos, a violência entre machos estará sempre presente. As fêmeas apresentam enormes inchaços de cor rosada que só luzem durante o seu período fértil. O macho alfa pode ter para si as fêmeas em estro que deseje, o resto dos machos terão que combater e brigar pelo acasalamento com as fêmeas. Produz-se infanticidio apesar de não ser muito frequente. Não é anormal que um macho obrigue, com golpes ou até com um pau, uma fêmea em estro a ter sexo com ele,mesmo que ela não queira (Wrangham e Peterson 1998).

7.2 Bonobos. Pansexualidade

Segundo Cawthon (2005) os bonobos são simios que apresentam um dimorfismo sexual moderado, com machos que pesam aproximadamente 39-40 Kg e medem entre 75-80 cm relativamente às fêmeas de 31-33 Kg de média e altura entre os

70-75 cm. Apesar de os machos serem um pouco maiores estão numa posição mais baixa que as fêmeas. Nos seus grupos são as fêmeas quem detêm o poder,as suas comunidades são matriarcais. Nos zoológicos os machos com uma posição hierárquica mais baiza têm de ser separados destas porque senão agridem-nos. Todos os machos estão subordinados às fêmeas e são elas as que detêm integralmente o poder e os machos são submissos e temerosos perante elas (Kano 1992).

Se coincidem duas fêmeas ou mais, estabelecem instantaneamente um vínculo entre elas e dominam sobre os machos que terão que esperar e suplicar pela comida. Em liberdade, face uma árvore cheia de fruta, seguem o protocolo seguinte: as fêmeas aproximam-se e têm sexo entre elas, depois afugentam os machos e repartem a comida e só quando terminam permitirão que os machos se alimentem. Ainda que os machos bonobos se submetam às fêmeas, cedendo ou partilhando o alimento, inclusive com as crianças, o dominio feminino em frente aos machos só se produz quando há mais de uma fêmea. Se se encontram um macho e uma fêmea perante comida, a fêmea, ao não poder dominar, chama a sua atenção para que copule e depois comerá com ele (White e Wood 2007).

A relação entre fêmeas é muito importante e talvez seja este vínculo o que permite que dominem aos machos. Tal como em outras espécies de primatas, as jovens têm de sair do seu grupo numa determinada idade, enquanto os machos permanecem toda a sua vida no grupo em que nasceram. Segundo Idani (1991) quando uma destas adolescentes chega ao que será o seu novo grupo, uma comunidade já estabelecida, a sua primeira acção será dirigida à fêmea maior do clã, à qual acaricia e convida a ter sexo. Se a fêmea residente está interessada produzir-se-á uma relação homossexual, com fricção do clítoris ou genito-genital. Esta prática também se produz entre as lésbicas da nossa espécie e denomina-se de "tribadismo" (que roça), as mulheres pressionam e esfregam as suas vulvas uma contra a outra, estimulando o clítoris até atingir o orgasmo. Ainda que permita várias posições, a mais conhecida é a do entrecruzamento chamada no Espanhol coloquial de "hacer la tijera".Entre ambas irá estabelecer-se, pouco a pouco, uma forte amizade que acaba com a aceitação da jovem fêmea no grupo, e depois do nascimento da sua primeira cria a posição da fêmea aumentará até que finalmente, já maior, será ela quem integra uma nova fêmea imigrante. A vinculação feminina é muito potente e é a única existente, salvo a relação mãe-filho. Em catividade, nos zoológicos, comprovou-se que a relação mais forte é a que se estabelece entre as fêmeas. Quando se introduz uma fêmea com um casal que viveu junto por muito tempo, rapidamente ambas as fêmeas terão relações genito-genitais e unir-se-ão entre elas em frente ao macho que passa a estar subordinado a ambas (de Waal 2007).

Entre as fêmeas estabelece-se uma clara hierarquia rígida e estável. A dominância da fêmea alfa dura muito tempo e só se se debilita ou morre se for substituida por outra. A obediência dá-se de maneira limpa e fluída pelo que não é necessário alianças oportunistas. Entre os chimpanzés, onde a dominância do poder é mais efémor, o macho alfa tem que estar atento às intrigas e manobras políticas que se vão produzir para o derrotar. Nos bonobos estas intrigas maquiavélicas simplesmente não se produzem. Uma fêmea alfa tem assegurado o seu mandato quase até o fim dos seus dias. Isto faz com que o seu sistema político seja muitíssimo menos fluído que o dos seus parentes chimpanzés.

Entre os machos também se estabelece uma hierarquia clara. Os machos alfa serão os que mais aparecem e os que que mais procriam, mas a hierarquia dos machos não está unida a alianças políticas com outros machos, que nos bonobos são inexistentes, senão à relação materna. A posição dos machos depende da posição que ocupem as suas mães. Os bonobos permanecem de lado e sob a protecção materna durante toda a sua vida, são elas as que lhe dão o seu poder e a sua posição no grupo, e quando outro macho o atacar será a sua mãe a defendê-lo. De Waal (2007) conta como se produziu a mudança de uma fêmea alfa por outra num grupo selvagem de bonobos. Uma fêmea alfa chamada Kame, tinha um filho adulto que era o macho alfa da sua comunidade. O filho da fêmea beta detectou a debilidade de Kame, que já era muito velha, e começou a fustigar o seu filho protegido pela sua mãe. Quando a situação ficou insustentável, ambas as mães brigaram entre elas e Kame teve que ceder o seu posto à fêmea beta. Com a queda da liderança de

Kame, o seu filho perdeu a posição de macho alfa que ocupou o filho da vencedora.

Entre os bonobos o poder está reservado às fêmeas; nas suas comunidades o comando tem uma visão unicamente feminina sendo a posição dos machos a de subordinação total às fêmeas. Ainda que este poder tenha a desvantagem de terem de estar submissos e temerosos face às hembras, este temor é infinitamente maior que o strees que sofre qualquer macho de chimpanzé sempre atento e imerso em alguma aliança ou contra-aliança de poder. Entre os bonobos machos há uma baixa taxa de mortalidade, pelo que o seu número é similar ao das fêmeas da sua comunidade.

A agressão entre bonobos não é feita com ira, não há mordidelas nem golpes e o domínio feminino faz com que os machos nunca possam forçar uma fêmea a copular se ela não quiser. Para além disso não existe o infanticidio tão comum nos outros primatas. Segundo de Waal (2007) o lema das suas comunidades é "fazer amor e não guerra", já que nem caçam nem guerream e dedicam muitíssimo tempo aos contactos sexuais que são breves e muito frequentes.

Nestas comunidades o sexo não só tem função reproductiva ,tem também um importante variante social pelo que o sexo impregna toda a vida destes primatas, e quando se vêem a sua saudação costuma ser um frotamento sexual. O bonobo é o primata com a sexualidade mais rica, promíscua e desinibida de todos os simios. Na hora de se relacionarem sexualmente apresentam uma bisexualidade perfeita ou pansexualidade, sem diferenciar entre machos e fêmeas. As relações macho-macho, fêmea-fêmea e macho-fêmea são normais e frequentes entre estes simios. O sexo está presente como mitigador de conflitos, qualquer situação que outros primatas resolveriam mediante uma acção violenta, eles resolvem-na com um intercâmbio sexual. O sexo impregna toda a sua vida, em todas as suas políticas intervém o sexo com função social que evita o combate. Também não existe concorrência pelo alimento, já que quase sempre têm comportamentos sexuais amortecedorers antes de se alimentarem, e uma vez pacificados alimentam-se. Perante um conflito empregam políticas socio-sexuais de reconciliação (entre um indivíduo não envolvido e a vitima) e de pacificação (com o agressor) e após o conflito dá-se a reconciliação entre os oponentes (Kutsukake e Castles 2004).

Como vimos, o sexo homossexual será fundamental na hora de incluir uma forasteira no grupo, mas, para além disso, este sexo lésbico, o frotamento genito-genital, é o cimento que une a comunidade das fêmeas, pelo que o praticam o tempo todo. Talvez por este facto tenham clítoris muito grandes.Para de Waal (2007) as bonobos têm o clítoris mais prominente entre todos os grandes simios. As fêmeas masturbam-se muito frequentemente e à vista de toda a gente. Apresentam enormes inchaços de cor rosada do tamanho de bolas, e luzem-nos durante muito tempo ainda que não sejam férteis nesse período. Em geral, tanto as fêmeas como os machos são muito promíscuos, já que ambos os géneros gostam muito de sexo. O sexo não se esconde e é objecto de participação, não de disputa, se um par o está a praticar pode se lhe unir uma criança como observadora ou outro adulto. Beijam-se com língua e na relação heterossexual entre fêmea e macho copulam ao estilo missionário. As suas posições bisexuais precisam de um Kamasutra próprio porque o humano fica-lhe muito atrás. Ainda que o sexo homossexual entre machos seja muito frequente, não existem homossexuais exclusivos nem penetração anal.

Em conclusão pode-se dizer que o sexo com função social que impregna toda a vida do bonobo e a sociedade matriarcal são as duas características a destacar desta espécie.

7.3 Humanos. Bisexualidade graduada
Os humanos compartilham grande parte do ADN com os chimpanzés e bonobos, no entanto o nosso comportamento social é muito diferente ao de ambos os grupos. A sociedade comum do chimpanzé é violenta e masculina e a dos bonobos é feminina e pacífica. Na nossa espécie não se reproduz nenhum destes dois modelos de socialização, seguimos um modelo próprio. A bisexualização humana produz certas características que nos convertem em primatas únicos. A hierarquia existe mas está muito menos marcada que nos nossos primos. O poder em todos os grupos humanos é masculino mas tão peculiar que o faz particular e diferente do dos chimpanzés. A bisexualidade faz com que a agressividade não seja uma constante e também

95

permite que a autoridade não seja só masculina mas que esteja impragnada de influência feminina, e ainda que em aparência mandem os homens, como diz o provérbio: "por trás de um grande homem há sempre uma grande mulher". As mulheres nunca tiveram toda a supremacía como as bonobo, mas também não foram um mero espectador como as chimpanzés. Nas sociedades humanas a influência da mulher foi e é persistente. Nas sociedades machistas através dos seus maridos, e nas igualitarias exercendo-o por direito próprio. A nossa sociedade goza de uma dupla visão masculino-feminina que é um dos grandes lucros da nossa espécie. Os chimpanzés ficam estancados na visão masculina do mundo e os bonobos olham-no através de um prisma exclusivamente feminino. A sociedade humana, pelo facto de unir ambas as visões, ganha em riqueza, em pluralidade e em humanidade.

A bisexualidade graduada de Kinsey modela que a grande maioria dos machos não sejam brutais e violentos. Sem a bisexualidade é factivel prssupor que estes humanos se comportariam do mesmo modo que o fazem os machos de chimpanzé. Se os homens não são tão brutais é porque existe esse factor homossexual ou feminino presente em cada indivíduo que mitiga, reduz a violência e a humaniza. Em qualquer jornal diária encontramos sempre notícias sobre homens violentos e demoniacos, mas estes são a excepção e não a regra, e podemo-nos perguntar se não estará esta violência extrema associada ao grau 0 da escala de Kinsey ou à heterosexualidade total.

Como veremos, os Kinsey de grau 0 teriam sido necessários num momento dado da evolução humana para conseguir a separação dos outros humanos não bisexuados, mas uma vez conseguida esta separação, a violência inerente a este grupo estará unida com a socialização. Uma civilização como a nossa não poderia existir com uma violência tão infiltrante e persistente como a do chimpanzé. Nos clãs humanos um macho tão agressivo sofrerá o ostracismo e a separação do grupo. A brutalidade e a violência gratuitas nos primatas bisexuados não é admissivel, e quando se dá em grupo obedece a outros factores, como veremos nos últimos capítulos.

As intrigas políticas exclusivamente masculinas no chimpanzé generalizaram-se abarcando os dois sexos na espécie humana. Nos humanos, a capacidade de conseguir astutas alianças, em todos os âmbitos da vida, engloba os dois sexos. As mulheres podem estabelecê-las com outras mulheres, os homens com outros homens e ambos os sexos entre si. Esta duplicidade à força gera uma amplíssima visão política muito enriquecedora. Não faz falta centrarmo-nos na política do mundo moderno, para o comprovar basta ler os anais de Tácito. Se queremos ter uma visão exclusivamente masculina só temos que nos fixar na sociedade do chimpanzé, se queremos uma visão unicamente feminina temos de procurar os grupos de bonobos e se queremos uma visão mista só nos devemos fixar na nossa própria sociedade.

Por conseguinte, um factor aparentemente tão pouco importante como a sexualidade converte as sociedades geneticamente muito próximas em comunidades socialmente tão diferentes e longínquas que são irreconhecíveis. Segundo De Waal (2007), em inicios do século XIX os cientistas não sabiam distinguir entre chimpanzés e bonobos, mas aqueles que os tratavam já sabiam que eles eram muito diferentes: enquanto o chimpanzé era bruto e demoniaco, o bonobo era terno e sensível

Se uns cientistas alienígenas vindos do espaço, para colectar espécies, encerrassem num habitáculo de uma das suas naves duas fêmeas e um macho de cada uma das três espécies, seguramente iriam estranhar ao observar comportamentos tão diferentes em espécies geneticamente tão similares. Repetiriam uma e outra vez os testes de ADN e pediriam a confirmação de dados de semelhança genética no seu computador central que confirmaria, uma e outra vez ,semelhanças genéticas superiores a 95% e sentir-se-iam desconcertados. Na habitação dos bonobos, as fêmeas aliar-se-ão entre elas e dominarão sobre o macho; na dos chimpancés o macho dominará desde o primeiro dia sobre as fêmeas, e na dos humanos é o leitor quem tem de adivinhar o que se passaria. Se em vez de duas fêmeas e um macho escolhessem dois casais, a relação mista só se produziria nos humanos. Ainda que a assumamos como a relação normal, mais afectiva e estável, a que se produz entre um homem e uma mulher, isto só é assim porque somos humanos, para um bonobo a vinculação mais estável é a que se produz entre as fêmeas, e para um chimpanzé é a que se produz entre os machos, isto se, neste caso, não houver sexo envolvido.

Capítulo 8

Símios sexualmente diferentes

Somos uns simios peculiares. A sexualidade humana é muito singular, muito diferente à dos nossos parentes primatas mais próximos. Dentro do mundo dos simios não só a sexualidade humana é única, também o é a sexualidade do bonobo. Os estudos etológicos sobre o comportamento sexual nos grandes simios permitem comparar o seu comportamento com o humano e ver semelhanças e diferenças. Os chimpanzés são seres com uma conduta sexual muito pobre e uma vida política muito rica. Os bonobos, pelo contrário, apresentam uma actuação sexual muito rica face a um comportamento político praticamente nulo. Os humanos estão entre ambos os dois comportamentos: a sexualidade não é exclusivamente reproductiva como as religiões e os seus religiosos quiseram, mas também não impregna tudo como nos bonobos, e as intrigas políticas são comuns e habituais em ambos sexos, mas o desejo do poder a preços violentos não é tão comum como nos chimpanzés. Ainda que cada vez seja mais frequente o desejo do poder a qualquer custo.

Junto com os bonobos somos o único grupo de primates bisexuais, mas enquanto a bisexualidade humana é graduada, no bonobo é pura ou pansexuada. No bonobo não existem gays nem lésbicas, as fêmeas que se relacionam sexualmente com outras fêmeas terão sexo heterossexual e o mesmo ocorre com os machos. A bisexualidade humana é única da nossa espécie e produz uma tal quantidade de diferenças em relação a outros grupos de primatas que merece ser pesquisada como o factor de humanidade tão infrutiferamente procurado.

8.1. Ovulação inadvertida

Os humanos gastam muita energia no sexo. Segundo uma notícia da página Site da Corrente Ser[13] em 2004 os humanos mantiveram uma média de 103 relações sexuais por ano. Os Espanhóis, com 110 relações sexuais, sete acima da média mundial, estamos atrás de países como a França, com 137 vezes; Grécia (133), Bulgária (128), África do Sul (114) ou Estados Unidos (111) e por outros como a Itália (108) ou Brasil (96).Nos últimos lugares do ranking situam-se a Singapura e Hong Kong, com 79 relações sexuais por ano, e o Japão com 46, algo menos que uma vez por semana. Por que gastámos tanta energia no sexo? Para quê ter uma média de 103 relações sexuais por ano quando para procriar um filho os casais só precisam de copular uns poucos dias por ano? Pouparíamos muita energia gasta inutilmente na não procriação e não estaríamos constantemente preocupados, relativamente a Deus, com as vezes que fazemos sexo. O sxo consome muitos recursos e tempo pelo que uma sexualidade mais eficiente ajustada às normas da moral religiosa não teria sido mais adequada à que os creadores quereriam?

Nas fêmeas de outras espécies de grandes simios,com a excepção do bonobo, o sexo tem uma única função reproductiva. Quando a fêmea está no seu período fértil marca-o com um aumento da libido, sinais olfativas e visuais; o macho dá-se por inteirado, copula com ela e uns meses depois têm um bebé. Esse é todo o sexo da grande maioria de mamíferos. As fêmeas dos grandes simios, o orangotango, gorila, chimpanzé, e bonobo, mostram os seus períodos estrales com sinais químicos e visuais. A inflamação do perineo durante a etapa receptiva é a norma. Segundo Heistermann *et al.*, (1996) o inchaço perineal ocorre entre 12 e 5 dias antes da ovulação e tem a função de indicar ao macho que a fêmea está receptiva à copulação. Ainda que os bonobos copulem durante todo o ano, quando a fêmea está no seu período fértil mostra-o mediante a inflamação da vulva (Navarro e Ambriz 2008).

Uma das características especiais dos humanos que não partilhámos com o resto dos primatas é que as mulheres não têm um período específico de disponibilidade sexual para a reprodução: as mulheres não mostram o seu estro. A ovulação nos humanos passa tão inadvertidamente para as próprias fêmeas como para os machos. Nenhum sinal específico ou particular produzida pela mulher indica aos homens que a ovulação se produziu. Ao não existir um estro bem marcado indicando claramente o período de ovulação, a mulher precisa de ter uma actividade sexual frequente se quer ficar grávida, ter filhos e reproduzir. Sem uma sinallização clara que destaque a ovulação, o sexo esporádico, umas poucas vezes por ano, seria contraproducente para a espécie.

Mas o sexo não só tem função reproductiva nos humanos pois as mulheres na menopausa, ainda que já não sejam férteis, podem ter sexo como qualquer outra e desfrutar de orgasmos múltiplas como quando eram jovens, com a vantagem de que têm mais experiência e em geral saberão melhor como os conseguir.

8.2 Orgasmo feminino

O segundo traço característico das mulheres é o orgasmo feminino. O orgasmo masculino relaciona-se cientificamente com a reprodução. O orgasmo feminino não existe na maioria das espécies onde a copula é curta e geralmente muito rápida. Se tivesse relação com a reprodução, as copulas curtas e rápidas seriam impossíveis. O orgasmo feminino não é exclusivo da mulher, também se dá em outras espécies de simios, mas na maioria dos primatas o orgasmo feminino está relacionado com o sexo homossexual e não com o heterossexual reproductivo. As fêmeas de bonobo e as de macaca arctoides experimentam orgasmos mediante a estimulação directa e prolongada do seu clítoris por frotação directa com o do outro animal, frotação genito-genital (Chevalier-Skolnikoff 1974 ; Goldfoot *et al.,* 1980).

O antropólogo Donald Symons (1979) no seu livro *The evolution of human sexuality* sustenta que o orgasmo feminino não tem nenhuma função adaptativa, para ele seria simplesmente um artefacto, um subproducto do desenvolvimento paralelo dos embriões masculinos e femininos nas primeiras 8 ou 9 semanas de vida, pois todos os fetos dos mamíferos na sua etapa embrionária compartilham caracteres de ambos os sexos. Por exemplo, as mamas das fêmeas são os mamilos dos machos. Para

Symons os nervos e tecidos musculares teriam ficado determinados na etapa embrionária para vários actos reflexos, incluindo o orgasmo, já que o pénis e o clítoris desenvolvem-se a partir de uma mesma estrutura embrionária. E à medida que o desenvolvimento embrionário avança as hormonas definirão se esta estrutura se converte em pénis ou em clítoris. No entanto para Lloyd (2006) não há dúvida de que o clítoris é uma adaptação evolutiva, seleccionada para criar uma excitação conducente à relação sexual, mas sem um vínculo com a fertilidade ou com a reprodução já que o pénis nos machos e o clítoris nas fêmeas compartilham o mesmo trama nervoso com o mesmo potencial orgásmico. Provavelmente ambos autores têm parte de razão, a bisexualização das fêmeas teria aproveitado o artefacto ou subproducto do desenvolvimento paralelo que descreve Symons, permitindo às mulheres um maior interesse pelo sexo não reproductivo, algo ao que o orgasmo clitoridiano ajudaria. Uma eficaz estimulação do clítoris deveria fazer com que as mulheres fossem tão, ou mais, viciadas no sexo que o homem, além de as ajudar a criar vínculos; só temos que nos fixar nas bonobos.

A nossa cultura veta o prazer sexual como algo pecaminoso pela influência religiosa, mas a evolução fez com que nos humanos a possibilidade de obter orgasmos fosse comum em ambos os sexos por alguma razão. E já que o orgasmo feminino não tem nada que invejar ao masculino, a mulher deveria ansiar para ter sexo para o experimentar, tão frequentemente como o homem, mas normalmente isto não é assim. Segundo o relatório Hite de (1976), uma ampla percentagem das mulheres ocidentais não chega ao orgasmo no coito, no entanto, segundo o mesmo relatório, a grande maioria delas pode atingi-lo em poucos minutos com a masturbação. O clítoris feminino está formado pelos mesmos tecidos que o pénis masculino, ainda que no exterior só apareca visível a glande. Para além disso o clítoris possui mais terminações nervosas que o pénis e vê-se inundado de sangue com a excitação, pelo que aumenta o seu tamanho ainda que se inunda na parte não visível. Sem um plexo venoso como o pénis o sangue escorre com muita maior facilidade o que permite que as mulheres possam experimentar orgasmos múltiplos. Estando o clítoris tão adaptado ao prazer sexual, perguntamo-nos: porque é que as mulheres não são mais viciados no sexo? A resposta poderia estar no facto da copulação ser muito pouco eficiente à hora de estimular o clítoris. Hite (1976) descreveu que só 4% das mulheres atingem o orgasmo durante a copulação, mas com uma boa estimulação masturbatória 84% atinge-o. Num documentário sobre a masturbação feminina, Natalie Golderg (2006) informava que muitas mulheres ocidentais, jovens e adultas, não sabem nada sobre o seu clítoris nem como se masturbarem e nunca o fizeram. Seguramente por esta razão a mulher é geralmente menos aficionada ao sexo que o homem, e já que a capacidade feminina para atingir o orgasmo é similar ou superior à masculina, já que a estrutura do clítoris permite facilmente orgasmos múltiplos quase impossíveis para o macho, a mulher deveria ser tão ou mais adicta ao orgasmo que o homem. Conseguir um orgasmo mediante a masturbação é sempre boa ideia quando o nosso corpo o pede, tanto a homens como a mulheres, mas consegui-lo na relação com o par deveria ser algo comum, corrente e habitual. Uma boa educação sexual deveria ensinar ao homem heterossexual como estimular o clítoris do seu par para conseguir que os dois experimentem o orgasmo durante as suas relações sexuais. Uma gratificante relação sexual tem uma importância vital para ambos já que favorece a união de casal. Na relação do casal o orgasmo feminino está amplamente desaproveitado. Ainda hoje muitos homens acham que para a mulher é difícil chegar ao orgasmo, ninguém lhes ensinou que precisam de estimular o clítoris do seu par que funciona da mesma maneira que o pénis já que se formou a partir da mesma estrutura embrionária; para além de ter mais nervos responde melhor às caricias da estimulação. A penetração é muito eficiente para estimular o pénis, mas é totalmente ineficaz na hora de estimular o clítoris, pelo que muitas mulheres nunca sentiram um orgasmo durante a penetração. O casal deve saber que roçar, acariciar ou esfregar o clítoris com os dedos, boca, pénis ou clítoris faz com que este acorde e emita sinais profundamente prazerosos que acabam num orgasmo, com a vantagem de que podem ser múltiplis. Para além disso, um ou centenas de orgasmos partilhados são o melhor cimentador casais.

Num artigo publicado no Jornal da Catalunha[14] em 2000, Hite escreveu:

"Em que medida deveria o sexo mudar? No mínimo, tanto as mulheres como os homens deveriam obter a estimulação que precisam para o orgasmo: já que as mulheres podem-no atingir facilmente por meio da estimulação da sua zona clitoridiana na masturbação, idêntica estimulação [à masculina] (normalmente por meio da mão ou da boca do par) deveria converter-se num ponto álgido importante para a estimulação [feminina]"

8.3 Existem feromonas humanas de atração sexual?

As feromonas são substâncias químicas que actuam como mensageiros entre membros da mesma espécie e que provocam efeitos sobre o comportamento ou a fisiología noutro sujeito. Foram nomeadas em 1959 por Karson e Luscher, num artigo publicado na Nature. As fêmeas de insectos libertam feromonas para atrair os seus machos, também se encontraram feromonas nos ratos, ratazanas e outros mamíferos. Praticamente todos os mamíferos utilizam feromonas para a atração sexual, mas o que ocorre nos humanos? Não há dúvida de que uma feromona sexual humana faria o seu milionário o seu descobridor. Mas segundo Tristram Wyatt[16], zoólogo experiente em feromonas, apesar de se andarem à procura de feromonas exclusivamente humanas há mais de meio século, nunca se identificou nenhuma de forma conclusiva. Os cientistas não conseguiram encontrar nenhum componente químico capaz de encantar o casal humano. Não se encontrou nenhuma feromona humana que produza os mesmos efeitos sobre a atracção e o comportamento sexual que se descreveram em outras espécies animais.

Segundo Naser *et al.,* (2008) sabe-se que os humanos estão biologicamente preparados para captar as feromonas: existe um órgão vomeronasal totalmente funcional presente em todos os adultos, homens e mulheres, com células periféricas capazes de actuar como receptores e de gerar uma conexão com o hipotálamo e o sistema límbico além de participar activamente na modulação do eixo neuroendocrino. Também se sabe que nas mulheres, as feromonas produzidas pelas glándulas das axilas produzem o efeito McClintock; efeito de sincronização dos ciclos menstruais que se dá entre raparigas que convivem durante um longo tempo juntas. Também parece que as feromonas preparariam o futuro papá para a chegada do seu bebé. O que se passa com as feromonas sexuais? A bisexualização humana tem algo que ver com este desaparecimento?

8.4 Paixão

Os humanos apaixonam-se unicamente. Nas outras espécies não existe a paixão mas sim um ritual de eleição de casal que dura minutos, horas, dias ou semanas. Nos humanos, dá-se a paixão que é muito diferente ao ritual de cortejo pois alonga-se no tempo até dois ou três anos, às vezes até mais tempo. Durante a paixão o amante sofre uma deformação perceptiva do seu casal pelo que o vê distorcido, aumentando as suas virtudes e ignorando os seus defeitos. Com a paixão aumenta a energia e incrementa-se a atenção no sujeito objecto de desejo que ambos os membros do casal sentem por igual (Fisher 2000). Segundo (Brizendine 2007) o apaixonado centra toda a sua atenção no ser amado que adora e do qual só pode enumerar coisas boas. O cérebro apaixonado anula a área da crítica pelo que tudo o que o nosso apaixonado faça ou diga nós gostamos. Os apaixonados sentem-se dispostos a dar tudo um pelo outro e as suas mentes centram-se de maneira obsessiva na relação.

Para Donald F. Klein e Michael Lebowitz[15], do Instituto Psiquiátrico de Nova York, a paixão está relacionada com altos níveis de dois produtos químicos: a dopamina e a norepinefrina. Para além disso sugerem que o alto nível destas duas substâncias drogam o cérebro da pessoa apaixonada, e são as responsáveis pelas sensações e modificações fisiológicas que experimentam as pessoas seduzidas.

Segundo relatou Helen Fisher num entrevista com Eduard Punset[16], os homens são bem mais susceptíveis à acção da dopamina e da norepinefrina que as mulheres, e apaixonam-se mais rápida e facilmente que estas; quando uma relação acaba brusca e inesperadamente, 75% dos que se suicidam são homens. Helen Fisher continua:

"Quando estamos loucamente apaixonados, queremos ir para cama com o nosso par, mas o que realmente queremos é que nos ligue, que nos convide para jantar, e que se crie uma união emocional. De facto, uma das características principais do amor romântico é o desejo de contacto sexual e de exclusividade sexual. Quando nos deitámos com alguém e não o amamos, não nos importa realmente se também dorme com outros. Mas quando nos apaixonamos passámos a ser realmente possesivos. Na comunidade científica chamámos "vigilância do casal". O amor romântico é muito perigoso. Leva consigo uma grande felicidade e uma grande tristeza. Quando somos recusados, quando estamos apixonados, há pessoas que se podem matar e que podem matar o outro".

Há mais de dez anos demonstrou-se que as copulas reiteradas induzem preferências de casal em alguns animais polígamos de laboratório. Pelo que talvez uma paixão tão longa tenha como fim criar um vínculo forte e exclusivo entre o casal.

8.5 Sem o efeito Coolidge
John Calvin Coolidge foi o trigésimo Presidente dos Estados Unidos da América. Conta-se que numa visita guiada do Presidente Coolidge e da sua esposa a uma granja de produção avícola, a senhora Coolidge ficou tão impressionada pela frequência com que acasalava o galo que exclamou dirigindo-se ao guia:
-Faça-o notar ao Senhor Coolidge!
Quando o guia informou o presidente, este perguntou:
-O galo acasala sempre com a mesma galinha?
-Não Senhor, sempre com uma diferente- contestou o guia.
-Por favor, faça-o chegar à senhora Coolidge - indicou o presidente.
Os etólogos falam do efeito Coolidge quando se referem ao aumento da actividade sexual, especialmente dos machos, quando têm um par novo.
Em quase todas as espécies animais, a actividade sexual diminui depois de copular com o mesmo par; no entanto, aumenta com a mudança de par. Os carneiros e os galos podem copular de

forma ininterrupta com fêmeas novas mas perderão rapidamente todo o interesse depois de copular com elas. Aparentemente os machos reconhecem os seus anteriores pares pelo cheiro e deixam de estar interessados nelas (Carlson 2006).

Nos mamíferos, e particularmente entre os primatas, é difícil encontrar a monogamia como prática habitual. A pergunta é: o homem vê-se afectado pelo efeito Coolidge? E a resposta, visto o ponto anterior, parece clara, o ser humano investe demasiadas energias e tempo em apaixonar-se para conseguir um par compativel pelo que é difícil, senão impossível, que o efeito Coolidge possa ter algum sentido na nossa raça. Por outro lado também é verdade que todos nos excitamos sexualmente e cobrámos forças perante uma nova beleza, contudo é verdade que o vínculo do casal faz com que voltemos uma e outra vez, com gosto, à relação estabelecida. O cheiro tem um papel importante no efeito Coolidge. Os machos reconhecem as fêmeas com as que têm copulado pelo cheiro e descartam-nas. Nos humanos a identificação do aroma actua ao contrário, atrai, não descarta; este efeito de sedução permite às companhias de perfumes ganharem milhares de milhões de euros todos os anos. Cada um de nós tem um cheiro diferente que nos caracteriza, como se se tratasse de uma impressão digital, de maneira que as mães humanas são capazes de identificar os seus filhos pelo cheiro corporal (Bader e Phillips, 2002). O facto de a paixão durar muito tempo nos humanos faz com que os membros do casal se acostumem ao cheiro do colega e se sintam potencialmente atraídos por ele. Talvez não nos demos conta do fenómeno até que soframos um choque sentimental, então sentir o cheiro do ex-companheiro pode ser uma experiência dolorosa.

Embora talvez nas relações promíscuas sem um vínculo claro exista um verdadeiro efeito Coolidge.

8.6 Existe monogamia social

A monogamia não é exclusiva do ser humano, pelo que talvez não devesse ocupar um ponto deste capítulo. Embora a monogamia se dê em alguns mamíferos e, inclusive, em alguns primatas, não se dá entre nossos parentes primatas mais próximos: orangotangos, gorilas, chimpanzés e bonobos. É importante assinalar que a monogamia humana é particular, os casais estabelecem entre eles um vínculo exclusivo e íntimo, mas a diferença de outros casais animais é que este vínculo não impede o estabelecimento de outras ligações com outros casais vizinhos ou com amigos. A nossa é uma monogamia social.

A monogamia poderia estar relacionada com a paixão e seria um final lógico do mesmo. A oxitocina é a hormona criadora de vínculos e sabe fazer o seu trabalho nos nossos cérebros de mamíferos. Segundo Kendrick (2004) as ovelhas e ratazanas que recebem antagonistas de oxitocina após dar à luz não querem as suas crianças e recusam-as. Em contraste, as ovelhas vírgens mostram uma conduta maternal para cordeiros estranhos ao receber uma infusão cerebro-espinal de oxitocina. Um caso amplamente estudado é o de duas espécies de ratos, os de pradera, monógamos, e os de montanha, polígamos; segundo Young e Wang (2004) a preferência por um único casal ou por vários está relacionado com o numero de receptores para a oxitocina no cérebro, de maneira que quanto menor o número de receptores menor vinculação afectiva.

Sabe-se que quando se atinge o clímax, a hipófisis segrega oxitocina em grande quantidade em ambos sexos (Carmichael *et al.*, 1994; Kruger *et al.*, 1998). Também a oxitocina se liberta em grandes quantidades depois da distensão do cérvix uterino durante o parto, bem como em resposta à estimulação do mamilo pela sucção do bebé e no clímax do acto sexual (Febo *et al.*, 2005). Pelo que talvez uma boa estimulação do clítoris ajudaria a aumentar os orgasmos comuns fortalecendo o vínculo, e poder-se-iam reduzir o número de divórcios entre os heterosexuais. Kippin *et al.*, (1998) demonstraram que nas ratazanas de laboratório, as cópulas reiteradas induzem a preferência de casal, uma preferência não é uma monogamia mas também não é a poligamia.

Muitos homens e mulheres chegam à idade adulta sem a informação sexual suficiente, mas esta informação tem uma importância vital. Uma boa educação sexual ajuda à felicidade pessoal e á incrementação da auto-estima, não se pode escolher entre a informação sexual ou a doutrina religiosa, a primeira tem uma importância vital, a segunda não. Muitas mulheres passam pela vida sem desfrutar de um orgasmo quando a sua fisiología lhes permite ter múltiplos. As religiões ignorantes e machistas pretendem mulheres insatisfeitas submissas e homens desinformados. Uma boa informação sexual pouparia muitas dores de cabeça ao casal e permitiria orgasmos comuns em cada relação sexual e a libertação de oxitocina em cada orgasmo ajudaria a reforçar a união. Como vimos, a oxitocina liberta-se durante a cópula, o parto e o aleitamento, todos eles acontecimentos associados a períodos durante os quais os humanos desenvolvem vínculos afectivos, tanto de casal como maternais. Marazziti *et al.*, (2006) corroboram a participação da oxitocina na formação da vinculação social nos seres humanos. Num experimento de laboratório Ferris *et al.*, (2005) deram a opção às ratazanas de escolherem entre apertar um botão e dar de mamar às crianças (libertação de oxitocina) ou apertar outro que proporcionava directamente cocaína. A ganhadora foi sempre a oxitocina.Os nossos cérebros de mamíferos preferem a oxitocina a qualquer outra droga

8.7 Machos e fêmeas pouco promíscuas

Existe a crença de que os homens são demasiado promíscuos por natureza mas a realidade demonstra, diariamente, o contrário. Em todos os inquéritos os homens querem ter centenas de relações sexuais, mas no dia-a-dia, a maioria deles não actuam como sex symbols nem o tentam. Durante todos os meus longos anos de estadia na Universidade de Barcelona fui vendo como a quase totalidade de casais que se formavam permaneciam inamoviveis ao longo do tempo. As relações duradouras são a norma mais que a excepção.

Tenho de reconhecer que isto não é assim no caso dos casais homossexuais. mas aqui acho que tem influência outro factor diferente. A pressão homófoba fez com que de alguma forma os homossexuais, pelo menos os masculinos, assumissem que a relação não podia durar. Este pensamento, unido à experiência de um forte trauma pelo choque sentimental com algum par anterior, que entre os homossexuais é lei, acaba levando á promiscuidade. Quando um jovem gay descobre a sua sexualidade e embarca numa relação com outro homossexual já disulido e pouco disposto ao compromisso a relação só pode acabar em dor. Uma dor tão potente que a pessoa que sofre seguirá estritamente o conselho do refrão: "gato escaldado de água fria foge" e porá as barreiras necessárias para não voltar a unir-se de todo; o seu próximo compromisso será sempre infinitamente menor. É um facto que ,ir saltando de flor em flor à procura de par predispõe à auto-protecção da dor que produz a perda, e incita à promiscuídade, em homens e mulheres, em homossexuais e em heterosexuais. Talvez em alguns casos, como diz o refrán: ?um finco saca outro finco? mas no conjunto só nos vamos afundar e infectar a ferida.

A oxitocina formadora do vínculo sabe fazer muito bem o seu trabalho nos nossos cérebros humanos e ali, onde a deixa, cria vínculos fortes e potentes muito difíceis de romper. Praticamente todos nós já sofremos um choque sentimental ao longo das nossas vidas e sabemos a dor que implica. Os humanos precisam do vínculo de casal e a promiscuídade só pode funcionar sem vínculo. Só os machos monosexuados podem permanecer sozinhos procurando, como os orangotangos, coito pós coito, para os humanos é bem mais complexo. Qualquer homem ou mulher promíscuo sabe-o: " e depois do coito?" Todos os que escrevem sobre a promiscuídade a qualificam como eminentemente masculina e concluem que existe uma grande diferença entre os desejos de homens e mulheres. Os homens procuram sempre mais parceiros sexuais que as mulheres, isto pode ser verdadeiro na medida em que a testosterona incita constantemente ao sexo, mas ainda assim a lenda popular deveria ser revista e re-escrita, pois em quase todas as espécies de simios as fêmeas são tão ou mais promíscuas que os machos, mas este ponto foi frequentemente ocultado e esquecido.

Lewis *et al.,* (2001) escreveram que, tanto para homens como para as mulheres, uma relação que se afasta do próprio protótipo é límbicamente equivalente ao isolamento. E para estes psiquiatras, a solidão do isolamento produz muitíssima dor, pelo que uma das peculiaridades mais comuns e desconcertantes do amor é que a maioria das pessoas preferem sofrer numa relação a não ter nenhuma. Portanto quando todos os seres humanos procuram com tanto desespero vincularem-se a alguém particular, não se pode dizer que sejam promíscuos.

8.8 Uma relação mista

A lei segundo a qual: "o semelhante atrai o semelhante" é a norma e não a excepção entre os nossos parentes primatas, nenhuma fêmea ou macho compartilha tanto tempo com um indivíduo do sexo oposto como os humanos. Entre os humanos um rapaz ou rapariga renuncia à relação grupal com os seus congéneres pela relação mista de casal. Um pesquisador extraterrestre que observasse o comportamento dos grandes simios poderia chegar à conclusão de que a relação mista de casal, entre um homem e uma mulher, é atípica e estranha. Nos nossos parentes tal tipo de relação parece impossível. As interacções são grupais entre machos ou entre fêmeas e nunca mistas, (machos com machos em chimpanzés e fêmeas com fêmeas nos bonobos). Ao menos para eles os vínculos dentro do mesmo género são mais simples. A relação mista, que para os humanos é a ligação mais natural do mundo, é única da nossa espécie entre todos os grandes simios.

Louann Brizendine (2007) descreve no seu livro *O cérebro feminino* as grandes diferenças existentes entre rapazes e raparigas adolescentes. A maioria dos rapazes não ardem de desejo de comunicação verbal com os seus semelhantes, tal como fazem as raparigas. A testosterona que inunda o cérebro dos rapazes inibe este desejo e interesse pela conversa e o tratamento social, segundo a autora. Também os jovens adolescentes estariam consumidos por fantasías sexuais e interesses diferentes segundo os sexos. Inclusive perante o stress, homens e mulheres reagiriam de formas muito diferentes. O homem usaria a estratégia baptizada como "combate ou fuga": face uma ameaça atacar-se-á a fonte da mesma se existem possibilidades de vencer ou, em caso contrário, tenta escapar. A mulher utiliza uma táctica diferente denominada "cuida e procura amizades": as fêmeas confiam nos laços sociais e estão mais inclinadas a pedir e ir em ajuda recíproca nestas situações de ameaça, confiariam mais no grupo social.

Para que se possa produzir um casal misto estável entre géneros dimórficos tão diferentes como os humanos, é necessário uma certa compatibilidade e o estabelecimento de pontes entre os sexos que mitiguen e suavizem as incompatibilidades, tornando-as tolerantes. A bisexualidade humana não só permite estas pontes mas também faculta posturas muito diferentes dentro do mesmo género, que fazem que a norma genérica seja sempre muito geral e possa ser enfatizada.

Um homem e uma mulher passam a maior parte da sua vida juntos numa união que se afiança dia-a-dia. Mas para um chimpanzé, estar sempre ao lado de uma fêmeas seria inconcebível, o que aconteceria ao contrário nos bonobos.

8.9 Síndrome de Covade

A gravidez é um acontecimento exclusivamente feminino, mas cada vez parece mais evidente cientificamente que o futuro papa se vê influenciado biologicamente pela gestação da sua companheira. Estes futuros pais experimentam mudanças hormonais importantes durante o período da gravidez do seu par, baixam os níveis de testosterona e aumentam os níveis de cortisol e prolactina (Storey *et al.*, 2000). E segundo Maldonado-Durán e Lecannelier (2008) muitas das condutas paternas para com os seus bebés estão relacionadas com mudanças bioquímicas a nível hormonal.

Segundo o Doutor Arthur Brennan *et al.*, (2007) o síndrome de Couvade, termo francês que deriva de *"couve"* (incubar), é um fenómeno global que ocorre nos países industrializados de todo mundo e tem uma ampla variação internacional. Afecta os pais biológicos, em particular durante o primeiro e terceiro trimestres da gravidez, e os sintomas desaparecem quando o bébé nasce ou pouco depois no período pós-parto. Segundo Masoni *et al.* (1994) até 65 por cento dos pais desenvolve durante a gestação da sua esposa ou da sua parceira sintomas típicos da gravidez: aumentam de importância, queixam-se de náuseas, cansaço, fadiga, dores ou problemas digestivos, em parte vivem os sintomas da grávida. Para Katherine Wynne-Edwards[17] (2004) investigadora da Universidade de Queen 's em Kingston (Canadá) estes homens sofrem importantes mudanças hormonais. Nas semanas anteriores ao nascimento do bebé aumenta-lhes a prolactina; durante os dias imediatamente posteriores ao parto baixam os níveis de testosterona e duplicam os níveis de cortisol. A diminuição de testosterona estaria relacionada com um maior interesse e ternura pelo futuro bebé. O cortisol permitiria ao pai concentrar-se no recém nascido, pelo que se pensa que a síndrome de Couvade é uma maneira de reduzir as diferenças sexuais na gravidez e as experiências do parto entre ambos os progenitores (Brizendine 2007). Também poderia ser uma maneira de vincular o pai com o seu futuro filho, preparando-o para ser um pai solícito. Os aumentos de prolactina relacionar-se-iam com uma conduta mais sensível e maternal para com o recém-nascido (Maldonado-Durán e Lecannelier 2008), fenómeno que seria induzido por feromonas produzidas pela mulher grávida (Brizendine 2007).

Praticamente todos os pais, 91,78%, padeçam ou não da síndrome de Couvade, mostram uma importantísima transformação bioquímica e emocional durante a gravidez que está relacionada com a gestação. As mudanças mais visíveis no homem expressam-se em mudanças e inapetências sexuais, em 87,67% dos casos, para além disso aumenta o medo e a ansiedade em 36,98% e a curiosidade em 47,94% (Masoni *et al.* 1994)

8.10 Infância muito longa
Sabe-se desde cedo que o crescimento do esmalte dental segue uma forma regular e descontínua no tempo. Passa-se algo parecido ao que ocorre nos anéis de crescimento das árvores, o esmalte dental apresenta um crescimento diário, representado por estrías transversais. A cada 6 ou 11 dias detém-se o processo, e quando volta a retomar-se, fa-lo desenhando uma marca clara. Estas diferenças de crescimento permitem saber o tempo que demora em se formar a coroa dental. Uma vez averiguado o tempo de formação da coroa dental sabemos o tempo de crescimento e desenvolvimento do organismo (Bermúdez de Castro 2008).

Durante muito tempo pensou-se que os primeiros homínidos maduravam ao mesmo ritmo que actualmente nos humanos, mas os estudos de esmalte dental proporcionaram muitas surpresas. Em 1985, num artigo na revista Nature, Timothy Bromage e Christopher Dean demonstraram, baseando-se em estudos da coroa dental, que os nossos antecessores cresciam segundo um padrão mais conforme com o dos grandes antropomorfos africanos actuais do que com um padrão humano. Os primeiros homínidos maduravam de uma maneira mais similar à dos simios actuais, com uma infância mais curta que a do homem moderno. Para um fóssil, o SK 63, de Paranthropus *robustus* com uma idade atribuída de seis ou sete anos, as análises dentais datavam uma idade de três anos (Bromage e Dean 1985). O desenvolvimento dental converteu-se assim numa fonte indirecta muito segura para determinar a idade da maturidade sexual e as características biológicas de uma espécie. Holly Smith e Barry Bogin (1996) analisavam se o padrão de crescimento de Homo *ergaster se* ajustava ao padrão das populações modernas ou ao dos grandes simios antropomorfos.

José María Bermúdez de Castro e a sua equipa científica (2008) aplicaram esta hipótese aos três homínidos da Grande Dolina (Espanha) e viram que os três homínidos estudados apresentavam um padrão de desenvolvimento dental parecido ao *do Homo sapiens* face à dos grandes simios, mas ainda que seguiam o mesmo padrão de desenvolvimento descobriram que os tempos obtidos nos homínidos da Grande Dolina eram significativamente inferiores aos das populações de Homo *sapiens.* As etapas eram bem mais curtas (Ramírez-Rozzi e Bermúdez de Castro 2004).

A monogamia poderia ter aumentado o período de desenvolvimento sobre um padrão existente em 3 ou 4 anos, ou mais.

Capítulo 9

Origens da espécie humana

A genealogia é um vício humano. Em todas as partes do mundo os homens querem saber: quais são as suas origens? Qual é a sua procedência? De onde vieram os seus antepassados? As genealogias dos reis e de alguns nobres podem seguir-se por centenas de gerações, e quase todos os demais podemos seguir as nossas origens há várias gerações atrás. Mas quando se trata de descobrir o germen comum, o início de todos os humanos, saber onde e quando apareceu o nosso primeiro antepassado a coisa torna-se bem mais complicada. Por sorte os contínuos avanços científicos permitiram que fosse possível formar a árvore genealógico da humanidade analisando os nossos genes.

9.1 Genealogia mitocondrial

As células eucariotas, dentro das quais estão as células humanas, contêm uns orgánulos chamados mitocondrias, encarregadas de fornecer a maior parte da energia necessária para a actividade celular. Em 1980 Lynn Margulis formulou a teoria endosimbiótica segundo a qual, há 1.500 milhões de anos, uma célula procariota foi fagocitada e se fundiu com outra célula primitiva o que produziu uma simbiosis permanente com benefícios para ambas as células. Pouco a pouco a célula que deu origem à mitocondria foi cedendo parte do seu material genético ao núcleo da nova célula fundida mas conservou uma pequena quantidade de ADN mitocondrial (ADNmt) para o seu funcionamento. Este, igual aos bacterianos, é uma molécula bicatenaria, circular, fechada e sem extremos que nos seres humanos é de pequeno tamanho e contém informação para uns poucos genes (Novo-Villaverde 2007). As mitocondrias herdam-se exclusivamente por via materna, portanto a sua herança é matrilineal. Na fertilização, quando o espermatozóide se funde com o óvulo sozinho, os componentes nucleares abrem caminho para o núcleo e entra alguma mitocondria do espermatozóide que, se não for convidada, será recusada e morrerá. O zigoto formado, que dará lugar ao embrião, herda exclusivamente as mitocondrias da sua progenitora. As mitocondrias, ao não se misturarem com as do pai, permanecem intactas de geração em geração, mantendo-se iguais às da mãe, apesar de o ADN nuclear do zigoto ser 50% materno e 50% paterno. Por esta razão os estudos do ADNmt permitem rastrear só a herança materna. As mitocondrias originam-se a partir de outras mitocondrias por divisão, de forma semelhante à divisão dos procariotas, e as únicas mudanças possíveis no ADNmt devem-se unicamente a mutações produzidas no processo de divisão, ao longo de muitas gerações.

O ADNmt é a única molécula de ADN nas nossas células que é circular. Foi sequenciado na sua totalidade em 1981 na Grã-Bretanha, descobrindo-se que contém ao todo 16.569 nucleótidos e 37 genes. Cada nucleótido, dependendo de qual seja a sua base nitrogenada, pode ser A, T, C ou G. Quando se produz uma mutação, muda-se uma letra por outra. Nas sucessivas réplicas deste ADN, ao longo do tempo, produzem-se mutações devidas a erros, mas o ADNmt é tão pequeno que se estima que nele só ocorra uma mutação a cada 3.000 anos (Martínez-Cruzado 2002). A família de todos os ADNmt que compartilham uma mutação que surgiu numa mulher ancestral denomina-se haplogrupo. Os haplogrupos nomeiam-se com uma letra maiúscula do abcedario, A, B, C e dentro do mesmo haplogrupo podem existir diferentes subgrupos: A1, A2. O estudo dos diferentes haplogrupos permitem-nos conhecer como sucederam as migrações femininas no tempo.

Em 1987 , Rebeca Cann e a sua equipa de Berkeley, publicaram um artigo na Nature que defendiam que o *Homo sapiens* teria aparecido há uns 200.000 anos e unicamente em África. Depois de um minucioso e pormenorizado estudo dos haplogrupos do ADN mitocondrial do homem actual de todas as diferentes regiões geográficas do mundo, chegaram a esta conclusão. Posteriores estudos afinaram a pesquisa e reduziram o número a 170.000 anos (Wells 2007).

Por conseguinte os primeiros estudos sérios e fiáveis, seguindo as origens evolutivos do homem actual, situavam o começo para todos os homens e mulheres deste planeta numa mulher africana que teria vivido há 170.000 anos. E uma vez localizada a primeira mulher da nossa espécie, situada num lugar e numa data determinada, era necessário seguir o rastro ao primeiro homem.

9.2 Genealogia do cromosoma Y

A maior parte do material genético guarda-se em forma de correntes compactadas de ADN nos cromossomas. Em cada espécie o número de cromossomas é constante, os seres humanos têm 23 pares de cromosomas. Todos os nossos cromossomas são em pares e os membros de cada par denominam-se cromossomas homólogos. Em cada casal de cromossomas um é herdado da mãe e o seu colega é herdado do pai, mas nenhum dos cromossomas é idêntico ao dos seus pais. Nas células germinais os cromosomas homólogos sofrem uma recombinação genética antes de entrar no processo de meiosis que separa cada casal de cromossomas. Na recombinação genética produz-se o intercâmbio de material genético entre sequências similares de ADN dos dois cromossomas homólogos, uma fibra de material genético num cromossoma é rompido e depois unido a uma molécula de ADN homólogo do outro cromossoma do casal. Este processo faz com que os filhos tenham um genótipo diferente do dos seus pais.

Os cromossomas sexuais ou heterocromossomas, X e Y, são os encarregados de determinar o sexo. Uma mulher tem o casal de cromossomas XX e um homem o casal de cromossomas XY. Os cromosomas X e Y são muito diferentes pelo que entre eles a recombinação genética total não é possível, há uma parte do cromossoma que não se recombina. Esta região do cromossoma E que não se recombina denomina-se de região não recombinante (NRY) e transmite-se de pai a filho geração pós geração intacta e sem mudanças. Mas com o passar do tempo nas sucessivas réplicas desta região NRY produzem-se mutacções que nos vão servir para estudar o processo evolutivo humano pela via masculina (Jobling e Tyler-Smith, 1995). Analisando várias mutações no cromossoma Y qualificaram-se os diferentes haplogrupos.

Underhill *et al.,* (2000), analisando os diferentes haplogrupos do cromossoma Y, descreveram a árvore evolutivo masculina que nos leva à existência do primeiro homem em África há apenas uns 60.000 anos. E afirmaram que toda a diversidade do cromosoma Y actual ter-se-ia gerado em apenas 60.000 anos.

9.3 Entre Adão e Eva milhares de anos de diferença.

As diferenças tão grandes entre as datas de aparecimento da primeira mulher e do primeiro homem que originaram todos os humanos actuais surpreendem. A análise dos dados dos haplogrupos de ADNmt dataram o aparecimento da Eva africana há uns 170.000 anos, e os estudos dos haplogrupos do cromosoma Y dataram o primeiro homem faz 60.000 anos. A diferença entre ambos os aparecimentos deixa uma friolera de milhares de anos de diferença. Como é possível uma separação tão grande?

Spencer Wells (2007) explica-o dizendo que a razão de não nos encontrarmos na linhagen de homens de há 170.000 anos se deve ao comportamento sexual dos primeiros humanos. Segundo ele, uns poucos homens ter-se-iam ocupado dos acasalamentos. Esta peculiaridade tenderia a reduzir o tamanho da população efectiva do cromossoma E que teria provocado que as linhagens mais antigas se perdessem e que só ficassem as linhagens mais modernas.

Não gostei da sua explicação pelo que vou propôr outra hipótese diferente baseando-me na teoria central do livro. Se suposermos que os primeiros homínidos se comportaram, em questão sexual, de uma maneira muito parecida aos grandes simio, as suas fêmeas teriam marcado o estro e o sexo só teria feito sentido como mecanismo reproductor. Num determinado momento nasceu uma mulher no grupo, a primeira Eva Africana, com uma mudança genética que a converteu em bisexual. A bisexualidade desta mulher teria provocado mudanças substanciais que fá-la-iam diferente das suas colegas. Uma das mudanças biológicas fundamentais teria sido o desvanecimento da capacidade de mostrar o período de estro. Sem uma clara capacidade de marcar o período de ovulação, seria muito complicado para esta mulher procriar filhos pois o macho não saberia se estaria receptiva ou não. As fêmeas dos primatas, não humanos, comunicam ao macho a sua receptividade sexual mediante diversos sinais visuais e químicos ou feromonas (Smith e Abbott, 1998). E a comunicação química apresenta-se principalmente durante os períodos de estro (Seller, 1987). Estas fêmeas bisexuais obrigatoriamente teriam que confiar na sincronização do seu ciclo com as outras fêmeas para assim conseguir aproveitar o período visível das suas colegas e poder ficar grávida. Em 1971 a psicóloga Martha McClintock descobriu o efeito que tem o seu nome. O efeito McClintock dá-se entre mulheres que convivem juntas durante longos períodos de tempo, estas mulheres acabam sincronizando os seus ciclos menstruais. Sabe-se que este efeito é devido à produção de feromonas nas glândulas das axilas das mulheres. Este fenómeno, que no tempo actual é só uma curiosidade, poderia ter tido uma importância vital para a sobrevivência da espécie durante os milhares de anos até o aparecimento do macho bisexuado, e ter-se-ia mantido até à actualidade. Para além disso a mulher teria conservado como reminiscências do estro uma mudança no cheiro e fluídos vaginais que teriam permitido que os machos conhecessem o seu estado e as fecundassem. Sem a suposição de uma mulher diferente das suas colegas teria que se fazer uma importante pergunta: porque é que as outras fêmeas não deixaram uma impressão mitocondrial? E mais ainda sabendo que as fêmeas de um mesmo grupo não costumam ser família entre os primatas.

Os machos bisexuais, filhos destas fêmeas, seriam sempre menos agressivos que os machos monossexuais, pelo que sempre ocupariam uma posição não dominante no grupo e as suas possibilidades de deixarem descendentes em frente aos outros machos mais dominantes teriam sido praticamente nulas. Portanto estes primeiros machos bisexuais não teriam tido nenhuma oportunidade de deixar descendência e a bisexualidade ter-se-ia mantido pela via exclusivamente feminina durante milénios. Só quando a bisexualidade simples do princípio se complicou e se multiplicou, graduando-se até chegar aos sete níveis do modelo descrito por Kinsey, seria possível o aparecimento de machos totalmente violentos (Kinsey de grau 0) que poderiam procriar filhos e competir pelo posto de macho dominante. Logo que isto tivesse ocorrido, a longo prazo, a nova espécie poderia ter-se separado e seguir o seu próprio caminho. Daí viria a enorme diferença entre as linhagens masculina e feminina.

9.4 A eliminação das outras raças humanas

No verão do ano de 1856 operários que extraíam pedra caliza de uma gruta no vale de Neander (Alemanha) descobriram o primeiro fóssil de um antepassado homínido. A este fóssil denominar-se-lhe-ia homem de Neanderthal. O neandertal viveu na Europa e Ásia Ocidental durante uns 250.000 anos. Sabe-se que era uma espécie muito adaptada ao frio extremo e às condições que reinavam então no continente Europeu. Tinham cérebros maiores que os do homem moderno, uma altura média de 1,65 m, eram fortes, tinham uma musculatura robusta e viviam em pequenos grupos. Durante muito tempo houve uma controvérsia científica em torno da descendência dos Europeus: procedíamos directamente dos neandertales, da mistura destes com os outros homens, ou éramos uma espécie aparte?

Em 1997 o Dr. Svante Pääbo e um grupo de cientistas da Universidade de Munich tiveram sucesso ao extrair o ADN mitocondrial de um fémur de esqueleto de um neandertal com 40.000 anos. Não foi aceite a validade da sequência até que se duplicou o experimento num laboratório diferente dos Estados Unidos. A interpretação dos resultados evidenciava que o homem actual e o de neandertal eram espécies diferentes separadas evolutivamente por mais de 465.000 anos (Krings *et al.,* 1999). Para Krings *et al.,* (1999), do seu trabalho conclui-se que a divergência do ADNmt Neandertal e o ADNmt humano actual é tão enorme que demonstra que o ADNmt Neandertal e ADNmt dos humanos ancestrais evoluíram como entidades separadas durante um período muito substancial de tempo, pelo que deduziram que os neandertales não teriam contribuído na formação do genotipo humano moderno. O resultado foi uma bomba inesperada e muitos não acreditara nele. Segundo Richard *et al.,* (2006), estudos posteriores do grupo de antropologia evolutiva do instituto Max Planck de Leipzig (Alemanha) confirmaram os primeiros resultados. Depois de sequenciar um milhão de pares de bases, uma alta percentagem da totalidade do genoma do homem de Neandertal, de ADN obtido de ossos encontrados na gruta de Vindija (Croácia), gerou-se um primeiro rascunho da sequência completa do genoma desta espécie cujos resultados confirmavam o que o grupo já suspeitava, que os neandertales, a espécie mais próxima ao humano moderno, não contribuíram para o seu acervo genético.

Ainda que os neandertales e os homens modernos se correspondam a espécies diferentes diferíam muito pouco no seu material genético pelo que podiam ter-se hibridado sem problemas. Os neandertales, pelo tamanho do seu cérebro, provavelmente constituíam uma raça inteligente muito parecida à nossa em capacidade cerebral. Se tivermos em conta que conviveram na Europa e Ásia Ocidental com os humanos actuais durante milhares de anos: o que sucedeu para que não se hibridassem? Por que sobreviveu o grupo de humanos menos adaptado à Europa enquanto o que se tinha gerado ali desapareceu?

Estas interrogações resolveram-se se aplicarmos a hipótese da bissexualidade. O ser humano moderno como um ser bissexuado estaria socializado de forma muito diferente ao Neandertal. A unidade social dos neandertales teria tido um pequeno tamanho, o tamanho aproximado de uma família grande, com um comportamento bem mais violento, similar ao dos chimpanzés. O ser humano actual poderia formar grupos maiores com mais interacções inter-grupais e as suas sociedades seriam muito menos violentas que as dos seus parentes, sendo mais igualitárias e cooperativas. Os nossos antepassados humanos, em geral, teriam sido menos agressivos que o dos seus parentes neandertales e, em caso de necessidade, poderiam juntar-se a outros grupos humanos para cooperar em frente ao inimigo comum Neandertal.A diferença de socialização impediria qualquer entendimento entre ambas as raças. Se os neandertales tivessem sido tão violentos como parece, a integração dos seus machos entre os humanos arcaicos tinha sido impossível. As mulheres neandertales, não bisexuadas, manteriam a sinalização do estro? Se é assim teriam possivelmente uma sexualidade reproductiva, como a dos grandes simios, com o que as possibilidades de hibridação com os nossos antepassados teriam sido muito difíceis e praticamente irrealizáveis.

A complexidade social de ambas as espécies seria muito diferente. A bisexualização alongaria a infância das crianças do homem actual ao ter uma mãe e um pai pendentes deles. A criança Neandertal dependeria só da sua mãe, pelo que teria uma infância mais curta chegando muito antes à puberdade, o que obrigatoriamente implicaria uma menor complexidade social nas suas sociedades. Os estudos do crescimento dos dentes dos neandertales revelam que atingiam a pubedade bastantes anos antes que os homens modernos (Ramírez-Rozzi e Bermúdez-Castro 2004; Smith *et ao.*, 2007). E não só os neandertales teriam atingido a puberdade muito antes que as crianças actuais da nossa espécie; mas, surpreendentemente, as crianças neandertales caracterizar-se-iam por terem o período mais breve de crescimento dental entre todas as espécies de homínidos (Ramírez-Rozzi e Bermúdez de Castro 2004), que poderia significar fortes diferenças na socialização de ambos os grupos

A convivência em diferentes lugares da terra durante milhares de anos destas duas espécies de homínidos, o *Homo sapiens* e o *Homo neanderthalensis,* sem se hibridarem indica-nos que em algo eram muito diferentes para que esta hibridação não se produzisse. Quando os Britânicos chegaram à Austrália consideraram os seus habitantes, os aborígenes, como infra-humanos piores que cães, mas mesmo assim teve mestiçagem ainda que fosse da pior maneira.

Capítulo 10

Eva africana

Os resultados publicados do "Project Genographic" situam a nossa origem numa mulher Africana que viveu há uns 170.000 anos. Toda a diversidade de seres humanos modernos ter-se-ia gerado a partir desta "avó" comum. O antepassado comum masculino de todos os humanos actuais viveu em África há uns 60.000 anos (Wells 2007). As mulheres têm a obrigação de se reivindicarem e vindicar à fundadora, pois o primeiro Adão de que todos descemos só nasceria milhares de anos depois.

Os 5.000 ou 6.000 anos que as religiões monoteístas marcam para este nascimento teriam ficado muito curtos e a primeira Eva teria nascido milhares de anos antes de o primeiro Adão e não de uma costela deste como diz o Génesis (2: 21-22). As mulheres têm direito a reclamar a revisão da interpretação machista dos textos religiosos e sua posição primigênia no nascimento da humanidade.

O livro do Génesis (19: 6-9) também relata a destruição de Sodoma, uma das bases actuais para a homofobia religiosa. Yahvé informou Abraham que destruiria Sodoma pelos seus graves pecados, só salvaria Lot e a sua família. Deus enviou dois homens muito bem parecidos que chamaram a atenção dos habitantes da cidade. Lot alojou-os em sua casa e converteu-se em anfitrião. Quando ao anoitecer os habitantes de Sodoma exigiram a Lot que lhes entregasse os dois homens para abusar deles, ele negou-se e ofereceu-lhes, em vez disso, as suas duas filhas, duas jovens ainda virgens, para que violassem e forçassem a seu gosto e deixassem em paz os agraciados machos. O escritor ou escritores do relato odiavam as mulheres com a mesma intensidade, provavelmente mais, que os homossexuais. Também se pode interpretar que os habitantes de Sodoma eram bissexuais pois Lot oferece trocar os homens pela violação das suas próprias filhas.

"Lot saiu onde eles [ante os que reclamavam para si aos bonitos homens], fechou a porta atrás dele. E disse: Rogo-vos, meus irmãos, que não cometam semelhante maldade. Olhem, tenho duas filhas que ainda são vírgens. Vou traze-las para que vocês façam com elas o que quiserem, mas deixem em paz estes homens que confiaram na minha hospitalidade"

O Cristianismo põe Lot como exemplo de homem santo, íntegro e bom. O único que Deus consentiu em salvar pela sua amabilidade, benevolência e cordialidade. Não sei se vocês pensam o mesmo, mas eu, ao ler as suas palavras considero este homem de tudo menos de santo e bom. E pô-lo como exemplo de bondade e santidade é um insulto. Que pensariam as suas filhas? Dois homens totalmente estranhos, dois desconhecidos forasteiros, têm mais valor para Lot que as suas duas filhas. O Lot que descreve este bilhete merece maior castigo que os habitantes de Sodoma pois está disposto a permitir a violação de suas próprias filhas. Não sei se será um bom exemplo de homossexualidade mas sei que é um bom exemplo de machismo retrógrado pois para o autor, ou autores, como para Aurélio Agostinho de Hipona é diáfano que o homem valha mais que a mulher. Este santo homem cujas opiniões a respeito da sexualidade se converteriam na norma da Igreja Ocidental, era um machista rançoso que escreveu palavras incendiárias contra a mulher que, como Lot, que não valia praticamente nada. Aurélio Agostinho escreveu:

"As mulheres não devem ser iluminadas nem educadas de forma alguma. De facto, deveriam ser segregadas, já que são causa de insidiosas e involuntárias erecções nos santos homens".

"Tanta é a superioridade do corpo de um homem relativamente á da mulher, como a da alma em relação ao corpo"

Já vai sendo hora de desterrar o sambenito que a igreja primitiva associou à mulher.

Quando frequentava o doutoramento compartilhava a sala com outros doutorados entre os que se encontrava uma mulher Argelina. Quando falávamos de religião ela racionava que não podíamos nunca ser iguais porque Deus tinha feito a mulher inferior. Se em pleno século XXI há mulheres que pensam assim, significa que ainda estamos bem longe da igualdade. É de esperar que à medida que a civilização e o conhecimento avancem todas as religiões passem a ser consideradas como mitos humanidade dará outro passo gigante, pois como disse o grande sábio e filósofo estado-unidense James Feibleman: "um mito é uma religião na que já ninguém crê"

10.1 As fêmeas dos nossos parentes.

Entre os grandes primatas há duas posturas claras relativamente às fêmeas. Se a espécie é mono sexuada e machista: gorilas, orangotangos e chimpanzés, as suas fêmeas só podem obedecer, receber bofetadas e ocupar sempre um segundo plano. As fêmeas de orangotango suportarão ser violadas muito frequentemente. Todas as gorilas verão num momento dado de sua vida a sua cria ser morta e as chimpanzés têm de viver com golpes e mordidas, algumas delas serão violadas e a umas poucas matarão as suas crias (Wrangham e Peterson 1998). Como tal não deve ser fácil ser fêmea nestas circunstâncias

Quando a espécie é pansexual, caso dos bonobos, a coisa melhora muito para as fêmeas. Neste grupo elas são as donas e senhoras de toda a comunidade. Uma bonobo alia-se com as outras face aos machos e conseguem o domínio social total do grupo. Na nossa espécie bissexuada o panorama feminino é um intermédio entre ambos os extremos. Suponho que as feministas radicais prefiram o domínio absoluto das suas primas bonobo, mas isto seria substituir um machismo por outro.

Defendo uma igualdade total entre os sexos, porque acho que esta igualdade é não só possível senão ideal para a espécie. Um dos grandes lucros da bisexualização foi que ampliou a capacidade de pensamento, e onde antes havia uma única visão masculina ou feminina, de repente dobrou-se o leque e com isso surgiram novas possibilidades. As sociedades mais pobres, atrasadas, subdesenvolvidas, analfabetas, incultas e míseras do planeta são as mais machistas, aquelas onde a mulher na realidade não vale nada. Pelo contrário, os povos mais cultos, modernos, civilizados, educados, livres e inovadores são aqueles onde a igualdade sexual é a norma. Se olharmos o índice de desenvolvimento humano por países, os primeiros postos são sempre encabeçados pelos mais igualitários como os países Nórdicos, Canadá e Austrália.

O machismo está num extremo da sensatez e o feminismo no outro, conseguir o ponto médio, o equilíbrio perfeito, tem que ser possível.

10.2 Existe dimorfismo sexual

Somos uma espécie dismórfica com cérebros diferentes. Apesar de ambos os cérebros terem o mesmo número de células, o masculino é 9% maior porque os neurónios das mulheres estão mais juntos. As diferenças que provocam este dimorfismo fazem com que as mulheres sejam mulheres e os homens sejam homens (Brizendine 2007). Homens e mulheres com cérebros desigualmente estruturados e com diferentes hormonas têm que ser diferentes forçosamente diferentes.

Ainda que o dimorfismo cerebral faça com que existam duas formas de ver o mundo, a bissexualização facilita posturas muito diferentes dentro do mesmo género e cria pontes e diminui a distância entre géneros. Tanto é assim que na hora da verdade, sempre que se lhes tem dado uma oportunidade, as mulheres puderam fazer aquilo para o que se supunha que não valiam fisicamente. Existe o mito segundo o qual as mulheres não têm ouvido musical e por isso as orquestras são preferência aos homens. Nos Estados Unidos, depois de uma reivindicação feminista, conseguiu-se que as provas aos aspirantes se fizessem por trás de um biombo sem saber o sexo de quem tocava. O resultado foi orquestras mistas. Isto não significa que todas as mulheres tenham um par de ouvidos musical, nem que todos os homens possuam capacidade de domínio de línguas, mas com a bissexualização a fronteira é tão ténue que muitos podem saltar a vala e fazer tão bem, ou melhor, que os seus congéneres do sexo oposto.

Alguns livros sexistas colocam os sexos em dois extremos tão díspares do baralho que dá a sensação de que se tratam de espécies diferentes. Se estes autores têm razão e a diferença é tão abismal entre os géneros, expliquem-me como se podem formar casais e mais ainda que durem juntos durante tanto tempo. Parece que o seu protótipo de mulher era a imagem da sex symbol Marilyn, criada para a grande tela, ela uma mulher bonita e tonta que se une a homem rico e inteligente. Deveriam ter continuado a história e não se ficar no casamento. De que falam um homem inteligente e uma mulher tonta? Que compartilham em comum salvo os momentos de sexo? E o que acontece quando ela se torna velha e feia? A juventude não é eterna!

Generalizar pode fazer sentido em espécies onde a separação entre sexos e a igualdade dentro dos mesmos é muito clara. Não é este o caso, onde o leque de possibilidades é muito amplo. Podem-se meter no mesmo saco a Marilyn Monroe e a Marie Curie?

10.3 A igualdade é possível

A evolução criou uma raça com dimorfismo sexual, o cérebro das mulheres e dos homens é diferente, por isso pretender que não existem diferenças é enganarmo-nos. A visão uni sexo para conseguir a igualdade só tem um sentido político, não biológico. Quando releio isto parece que me contradigo a mim mesmo. O que quero dizer é que já que os cérebros das mulheres e dos homens são diferentes, uma conduta única carece de sentido. O facto de as mulheres e homens não serem idênticos não significa que não possamos chegar ao mesmo destino. Se de uma coisa estou completamente seguro é que ambos os sexos podem atingir as mesmas metas sem nenhum tipo de exclusão. O que nos diferencia é a forma e o caminho de conseguir o objectivo.

Uma das grandes vantagens da bisexualização foi proporcionar ao ser humano uma visão composta do mundo, que fez com que a visão uni sexo dos nossos parentes primatas desaparecesse, o mundo deixou de ser exclusivamente masculino ou exclusivamente feminino para passar a ser uma mistura de ambos. Esta mistura nunca foi de 50%, sempre tem predominado a visão masculina sobre a feminina. Chegou o momento de a mistura se equiparar.

A escala de Kinsey tanto é aplicável para os homens como para as mulheres. Portanto no sexo feminino também existem os sete graus pelo que pretender fazer tabela rasa e generalizar pode ser contra-producente. A realidade feminina e masculina não são idênticas nem têm por que o ser, mas nem as realidades masculinas e femininas são uniformes, os sete graus de Kinsey dão muito jogo. A igualdade não pode pretender que nos convertamos em seres assexuados porque isso seria ir contra a biologia e desaproveitar as vantagens da dupla visão do mundo. Não sermos idênticos não pode significar, como até agora, uma discriminação negativa da mulher. Ao longo da história e em todos os âmbitos da vida, as mulheres, quando se lhes tem dado oportunidade, demonstraram que podiam desempenhar seu papel e substituir o homem se fosse necessário. Até nos campos vedados da física e da matemática houve mulheres que demonstraram que podiam realizar perfeitamente seu trabalho.

Para aqueles que pensam que o dimorfismo converte o cérebro feminino em inferior aconselho-os que olhem para os nossos parentes bonobos. Os cérebros das suas fêmeas são tão femininas como as das mulheres humanas, e no entanto na sua sociedade ocupam e monopolizam todos e cada um dos postos de responsabilidade e poder.

10.4 Violência de géneros
Os machos dos grandes simios, excluíndo os bonobos, são brutais e violentos entre eles e com as suas fêmeas. Mas não se pode generalizar, pois como vimos no primeiro capítulo o primeiro assassinato fronteiriço observado em Gombe foi perpetuado por três machos e uma fêmea, pois ainda que geralmente as fêmeas sejam menos violentas também há excepções que confirmariam a regra.

Pode-se predizer que os homens de grau 0 na escala de Kinsey comportar-se-ão de forma bem mais violenta que qualquer outro homem da escala. Todos os dias aparecem na imprensa novos casos de violência de género dirigidos contra as mulheres, pelo que é bom perguntar se isto não terá nada que ver com essa violência extrema herdada dos nossos parentes primatas. É verdade que os grandes símios, lutam e violentam dentro do mesmo sexo, mas também é verdade que nos humanos a relação mais comum é a mista. Como fomos vendo, os grandes símios não formam casais e as suas relações são inter-genéricas.

Têm-nos dito até a saciedade que só a monosexualidade é boa e que tudo o resto é mau e pernicioso, mas a monosexualidade que observámos nos nossos parentes primatas está demasiado relacionada com a brutalidade e com a violência para não a questionar-mos. Por isso se o rapaz com o que saímos é bravo e violento antes de continuarmos a sair com ele devemo-nos perguntar se não será um dos machos geneticamente violentos. E ainda que em questões do coração a razão não seja competente, sempre é melhor sofrer um choque sentimental que viver rodeada de tareias, crueldade e agressão contínua. Os bruscos chimpanzés se reconciliam-se para mais cedo ou mais tarde voltarem de novo, portanto as reconciliações com pares ferozes e agressivas podem ser mais perigosas.

O ónus homossexual que a maioria dos homens carrega no seu interior é um seguro de vida, um freio à brutalidade pelo que se deveria fugir da heterosexualidade demasiado próxima à monosexualidade violenta do Kinsey de grau 0. Muitas mulheres instintivamente conhecem a diferença.

10.5 Interpretação machista: Cleopatra VII
Quando os arqueólogos descobriram a figura da grande mulher faraó Hatshepsut rapidamente interpretaram que foi um fantoche nas mãos do seu chaty ou chanceler real Senenmut. Com o tempo e novas descobertas colocou-se a cada um em sua justa medida, Hatshepsut foi uma brilhante faraó que reinou durante 22 anos e Senenmut o seu grande chanceler, mão direita e possível amante. Hatshepsut passou à história como um dos grandes faraós do antigo Egipto. Foi uma excelente governante que centrou o seu reinado na construção de templos funerários (Deir o-Bahari), obeliscos (duas das maiores lapidações) e expedições científicas (expedição ao país de Punt). Nas relações internacionais fomentou o domínio comercial e cultural e não guerreou por conquistar novos territórios, mas também não permitiu que os países limítrofes lhe ganhassem terreno e durante o seu reinado teve pelo menos seis campanhas guerreiras

dissuasórias cuja finalidade era demonstrar a fortaleza do Egipto aos seus belicosos vizinhos. Dói ver como no Egipto actual as mulheres, descendentes desta grande rainha, têm muitos menos direitos que suas antecessoras de há mais de 3.000 anos. Como pode ser possível? Como pôde a religião fazer tantos estragos? Quanto talento se perdeu e se esbanjou por culpa da ignorância humana? E quanto se está a perder?

Na imprensa do dia em que escrevo isto, Abril de 2009, aparecem artigos informando que acreditam ter localizado a tumba de Cleópatra e Marco Antonio no Egipto. E esta notícia anima-me a escrever sobre Cleópatra VII. Não gosto da visão que aparece sempre unida a esta mulher por que acho que a trata como uma mulher vulgar vitima do machismo e da xenofobia. Para mim, que sou um grande aficionado à história do antigo Egipto, foi o último grande faraó de toda uma milenária tradição. Segundo os últimos estudos foi uma hábil política que soube desvalorizar a sua moeda para facilitar as exportações e uma grande diplomata que dominou a arte de estabelecer alianças com os homens mais poderosos do grande império de sua época: primeiro aproximou-se de Pompeio, logo a seguir a Júlio César, na sua morte a Marco António e por último tentou-o sem sucesso com Octavio. Era uma mulher amante do seu povo e das suas tradições que se fazia representar como faraó tal e qual como o tinha feito Hatshepsut.

Uma rainha amante do poder, pronta e inteligente que manipulou durante anos a maior potência da sua época não deveria ser tratada como uma mulher vulgar. O mito, ou talvez a realidade, trata-a como uma mulher apaixonada por Marco António. Para mim a visão real é mais parecida ao que temia o senado Romano: que era um general fantoche nas mãos da faraó do Egipto. Não podia ser de outra forma, as suas culturas eram muito diferentes. Cleópatra VII era uma mulher culta que falava sete ou oito idiomas, era boa a matemáticas, literatura, astronomía, medicina e sobretudo uma magnifica diplomática. Para além disso amava ler e escrever mas sobretudo era Egípcia, e as Egípcias da antiguidade gozavam de muitos mais direitos que as homologas Romanas. A vida dos antigos Egípcios estava impregnada de morte. Os mortos continuavam vivendo e exercendo influência sobre os vivos. Os Egípcios escreviam continuamente aos seus mortos pedindo-lhes seu intercessão ou solicitando a sua consideração sobre muitos temas diferentes, pensando que viviam num reino poderoso e queixando-se que se sentiam injustamente tratados. Muitas das doenças eram consideradas como acções de vingança mágica, para eles os mortos viviam no reino dos deuses com um olho posto no mundo dos vivos. E precisavam de um corpo para viver a vida eterna (Brier 2008). Em mudança, para os Romanos onde a incineração era a forma de enterro mais comum, o fascínio que o mundo dos mortos provocava nos Egípcios devia lhes parecer doentia.

Se como parece provável aparece a tumba, veremos qual é a parte real da história. Sempre pensei que Cleópatra tivesse usado Marco Antonio e que quando morreu o fez na crença de que poderiam exercitar um enorme e imenso poder sobre os vivos desde o mundo dos mortos. Por isso sempre gostei de imaginá-la enterrada rodeada de milhares livros, por um lado os 200.000 manuscritos da biblioteca de Pérgamo que conseguiu que Marco Antonio lhe oferecesse e pelo outro os supostos tomos, em teoria queimados, da biblioteca de Alexandria.

Mas independentemente de como fosse enterrada, o que é certo é que foi um bom faraó para o Egipto.

132

Capítulo 11

Adão Africano

Embora alguns autores pensem que a civilização amorteceu a violência masculina, defendo que com uma violência semelhante à dos nossos parentes chimpanzés a civilização tinha sido impossível.

11.1 Violentos?
Para Michael Patrick Ghiglieri (2005) nos seres humanos existe uma enorme diferença na manifestação da violência entre os sexos. As mulheres são por regra geral menos violentas que os homens e usam a força só para se auto protegerem ou para proteger os seus filhos. Os machos, no entanto, podem-na usar de maneira mais comum. Para este antropólogo, como para muitos outros, o macho humano é agressivo por natureza e esta violência seria natural e instintiva e estaria codificada nos nossos genes de maneira que a capacidade masculina para a violência poderia ser quase ilimitada. Como fui desfiando ao longo de todo este livro, sustento que esta afirmação é errónea. Não têm em conta a bisexualização humana que teria amortecido o ónus violento inato do macho primata. Só o pequeno grupo de varões, com pouco ou nenhum ónus homossexual, serão instintivamente violentos e cruéis. O resto, por sorte para nossa espécie, não o é.

Para o psicólogo Abraham Maslow (1972) a natureza humana não tão má como se acreditava. Para ele a natureza humana interna é boa ou neutra e não má. Para mim a afirmação de Maslow é mais certa que a de Ghiglieri e em geral o macho humano não é o cúmulo da violência. Os humanos, homens e mulheres como grupo, como veremos, podem ser muito violentos mas isso é colectivo, não individual.

Quando estava a recompilar dados para escrever o meu livro comentei a minha hipótese com um amigo. A sua resposta foi cortante: "devo ser pouco bissexual, eu só gosto de mulheres". Senti que não me tinha sabido explicar e contestei que na sociedade em que vivemos este é o sentimento sexual maioritário entre os homens de quase todos os grupos bissexuais. A nossa sociedade é tremendamente homófoba e temos interiorizado esta homofobia até convertê-la em parte de nós mesmos. Na sociedade em que nos tocou viver, a homofobia está presente a cada gesto e em cada frase pelo que a atracção homossexual tende a inibir-se, à força se preciso, antes inclusivamente de aparecer e são necessárias situações muito concretas para que possa aflorar. Se não existir atracção pelo mesmo sexo não significa que o ónus homossexual não esteja lá. O seu desaparecimento implica violência instintiva e crueldade extrema.

Os filmes mostram-nos carniceiras sem sentido que acreditamos serem reais mas Marshall (1947) descobriu que numa situação de combate real, em pleno campo de batalha, a grande maioria dos soldados (85%, aproximadamente 6 em cada 7) não quer abater a tiros os seus inimigos, convertem-se em objectores de consciência sem o saber nem o pedir. E não se trata de serem cobardes pois também revelou que ainda que não quisessem matar eram tão valentes que corriam grandes riscos pondo em perigo a sua vida por salvar um colega ou por entregar munição a colegas assediados. Para o Tenente Coronel Grossman (1996) a maioria dos homens não quer matar nem na guerra. O Coronel Albert J. Bronw[33] um veterano da Segunda Guerra Mundial relatou:

"Como comandante de um batalhão durante a guerra observei que os chefes de pelotão e os seus sargentos tinham que correr acima e abaixo esquivando-se das balas para tentar fazer com que os seus homens disparassem contra o inimigo que os tentava matar. Pode-se dizer que tínhamos a sensação do fazer bem se conseguíamos que dois ou três de cada pelotão disparassem".

Não era isto que nos tinham contado. Onde está aquilo que todos nós herdámos, a veia brutal e violenta dos nossos parentes primatas?

Se um homem, na nossa cultura, descobre em si sentimentos homo eróticos se puder reprime-os, e convence-se de não os ter tido, ninguém gosta de der reprimido numa sociedade. A homofobia é uma pandemia latente e infecciosa na nossa sociedade e afecta cada pessoa do planeta, tal é o seu poder nocivo, que devia ser controlado pela OMS (Organização Mundial da Saúde). Os religiosos fizeram muito bem o seu trabalho, há que os felicitar, nem o Satanás em pessoa poderia ter actuado tão maliciosamente. Tão potente é a força da homofobia que condena homens e mulheres a vidas infelizes e converte em praga o suicídio entre os homossexuais.

A homofobia implica repressão, asco, aversão, repugnância, repulsa e medo a tudo o homossexual. A homofobia não só não desaparece como se mantém geração depois de geração. A natureza é caprichosa, nela tudo tem um sentido e só quando não a há a longo prazo é que desaparece.

Li a vários amigos, de forma separada, o capítulo sobre os machos demoníacos. Nenhum sentiu empatia face a estes comportamentos, na realidade tinha sentimentos de indignação, ira ou zanga, nunca de entendimento. Uma das respostas mais comuns era: " haviam de morrer todos". Esta reacção, ainda que numa amostra tão pequena não possa ser significativa, deixa entrever que particularmente não nos considerámos tão violentos como os nossos primos. A grande maioria dos homens não se comporta como os machos demoníacos assassinos, brutais e violentos que a evolução criou nas outras espécies de grandes símios. Temos a sorte de que a evolução, em determinado momento, nos ter convertido em bissexuais, mitigado a violência e favorecido a nossa espécie.

Nos humanos a bissexualização teria diminuído de uma forma irreversível esta violência genética, de outro modo uma civilização como a humana seria impossível. A bissexualidade humana permite aproveitar o melhor dos nossos parentes primatas porque sem nenhuma dúvida também têm seu lado positivo e bom.

O ranking por países da taxa de homicídios e assassinatos por cada 100.000 habitantes para o ano 2008 (BBC mundo[23]) situa Salvador em primeiro lugar com uma taxa de 67,8, para o resto dos países as taxas variam e para os países desenvolvidos situam-se entre os 5 e os 10%. Nos limites do parque de Gombe estima-se que possa haver uns 150 chimpanzés. Qual é a taxa de homicídios deste grupo? 1000 ou 10.000 por cada 100.000? Não são valores comparáveis.

A tendência natural dos humanos a agruparem-se só faz sentido em primatas com uma violência amortecida. Em primatas onde a violência esteja latente, mais tarde ou mais cedo a tensão explode levando consigo qualquer avanço conseguido; um homem pode mudar de grupo mudando de cidade, para um chimpanzé isto suporia a morte. Temos sorte de na nossa espécie os machos terem uma parte homossexual ou mais feminina que permite amortecer a violência e olhar o mundo com outros olhos. A violência e a capacidade de matar outro ser humano é muito reprimido na grande maioria dos homens da nossa espécie que, para Grossman (1996), a morte de um semelhante tem importantes consequências psicológicas, inclusive entre os soldados treinados para matar. Todos estes dados contradizem a visão daqueles que situam o homem dentro do grupo dos machos demoníacos, se bem que é verdade que uns poucos o são, esta afirmação não pode se usar tão geralmente e de maneira tão ligeira.

A violência humana, tanto masculina como feminina, pode ser amplificada, como veremos, quando o indivíduo se desindividualiza num grupo, mas essa violência tem de ser considerada como impessoal; para além disso é bem mais complexa, mais maligna, nociva, daninha, perigosa, prejudicial e nefasta que a masculina de qualquer espécie de primatas e é capaz de afectar aos dois sexos.

11.2 Sexo e promiscuidade

Ainda que pareça que o homem é o primata mais sensual e ávido de sexo de todo o planeta, se nos comparámos com os bonobos seríamos uns simples anões. Dificilmente o homem mais promíscuo conseguia iguala-los. O sexo, tão abundante no bonobo, é o que limita a sua agressividade. De Waal (2007) fala

136

de seis encontros sexuais em duas horas e seiscentos num só Inverno, semelhante ritmo sexual desgastaria até o homem mais potente. Se o ser humano não fosse bissexual teria que optar ou por uma estratégia similar ou por ser tão violento como o chimpanzé. O sexo é o adesivo social que mantém a paz social nos bonobos pratica-se de todas as maneiras possíveis: machos com fêmeas, fêmeas com fêmeas e machos com machos. Nos bonobos o sexo utiliza-se para resolver tensões, dissolver agressões, estabelecer vínculos e inclusive saudar. Cada encontro sexual é uma relação casual que dura muito pouco tempo e após esta relação ambos os participantes vão realizar outra actividade (de Waal 2007). Se a pansexualidade fosse o componente amortecedor da violência no homem e tivesse que empregar o sexo social, não só se dariam situações paradoxas como também se impediria uma civilização como a nossa. Se é verdade que a brutalidade e a violência eram amortecidas também é verdade que a concorrência tão importante para a humanidade diminuía quase até ao desaparecimento. Uma civilização como a nossa, criada por primatas, só é possível em símios gradualmente bissexuados.

A frase que reza até o infinito que "os homens são promíscuos por natureza" é irreal e enviesada. Nunca tem em conta que na natureza, entre os grandes símios, as fêmeas e os machos são os dois igualmente promíscuos. A maioria dos homens apaixona-se na sua juventude e mantém o mesmo par durante a maior parte de sua vida. Isso é ser promíscuo? A nenhum destes homens é apontada um arma sobre a cabeça para os manter fiéis. Quer gostemos ou não somos uma espécie monógama. A tendência intrínseca da pessoa, ambos os sexos, é procurar alguém compatível com quem partilhar a vida. Para Gullo e Church (1989) se a escolha é errada a relação acaba, sempre com um custo emocional. Se o final tinha sido antecipando a ruptura será menos dolorosa e mal provocará um choque sentimental mas mesmo assim é muito provável que fique um sentimento de culpa pois quase nenhuma ruptura é decidida por ambos membros ao mesmo tempo. Nas demais situações romper a relação tem um altíssimo custo emocional que precisa de muito tempo para ser superado. Para um macho geneticamente promíscuo, que como se diz somos todos, não haveria nenhum custo incompatível com a promiscuidade. Todos aqueles que sofreram um choque sentimental sabem do que falo e para aqueles que ainda não o sabem não lhes desejo tal experiência. E se algum homem pensam que as mulheres sofrem mais enganam-se pois segundo Helen Fisher[16] quando uma relação acaba as estatísticas indicam que os que se suicidam maioritariamente são homens (em 4 suicidas, 3 eram homens).

Para todos os indivíduos geneticamente promíscuos a paixão só pode ser uma doença. Porquê investir tanto tempo e tanta energia em nos apaixonarmo-nos, se a paixão é o antídoto da promiscuidade? Afinal de contas apaixonar-se é unir-se permanente e irreversivelmente a alguém por um longo período de tempo que pode chegar aos três anos. Para procriar, ter sexo, e filhos não é necessário apaixonarmo-nos para depois nos separarmos com um evidente stress. Ou será que somos uma espécie masoquista?

Não digo que não se possam dar contactos sexuais esporádicos com outras pessoas já que eles acontecem e mais ainda tendo em conta que a mulher costuma querer ter um menor número de relações sexuais que o homem. Mas como alguém me disse uma vez: "isso é algo diferente, é só sexo". E costuma estar relacionado com certas situações pessoais de stress que, ademais, se dão em ambos os géneros.

11.3 Ter uma parte homossexual é humano

Os homens em geral reagem pior perante a homossexualidade que as mulheres. Para muitíssimos homens os gays são uns seres degenerados. Um dos factos mais curiosos desta fria relação é que quanto mais perto se está do grau 6 da escala de Kinsey (totalmente homossexual) mais violento somos com os gays. Para Richard Gramzow (2002), da Universidade Northeastern, a fobia contra os homossexuais está relacionada com a falta de segurança na própria masculinidade e representa o medo à própria conduta, em caso de esta ser livre de códigos preestabelecidos. O pesquisador detectou que quantos mais traços de masculinidade se auto adjudicava os machos, maior era a sua homofobia contra os gays. Gramzow (2002) comprovou que quando aleatoriamente se diz a um estudante masculinos que o seu perfil de personalidade arroja traços femininos, logo depois os testes mostram atitudes homófobas face aos gays, maiores que as expressadas nos questionários anteriores sem o comentário.

A homofobia e a malícia contra os homossexuais parece ser uma forma de expressar e reforçar a masculinidade. Paradoxalmente os homens mais seguros da sua masculinidade são os que sentem menos hostilidade em relação aos gays. Quando um homem tem que defender a sua masculinidade empregando a agressividade verbal ou física está a sacar o seu lado mais escuro para tentar reprimir o seu lado mais feminino. Negar a parte homossexual de uma pessoa supõe situar a masculinidade mais violenta naquela que nos converte nos "machos demoníacos" que Dale Peterson e Richard Wranghan descreveram. Não se pode pretender estar num extremo sem luzir todos os atributos. A parte homossexual de cada homem simplesmente o humaniza. Um chimpanzé macho não se sentirá especialmente implicado com as suas crias nem terá necessidade de ter animais de companhia. Para que um homem possa assumir estes compromissos, precisa da interacção com a sua parte homossexual.

Todos os homens precisam de entender que a bissexualidade é o estado normal do ser humano, é o que permite que os machos da nossa espécie possam conviver sem necessidade de se matarem entre eles. É a parte não masculina de cada um de nós que modera a brutalidade e a agressão e impede que esta seja a constante nas nossas relações diárias, que nos permite adorar os nossos filhos e emocionarmo-nos com os seus êxitos. Uma alta percentagem dos homens, quando a sua mulher fica grávida, prepara os seus cérebros para o novo evento. Um macho não bissexuado pode perder um dos grandes prazeres da vida.

Um macho chimpanzé não tem a sorte de ser bissexual, é violento porque a natureza o fez assim. A evolução fez quase todos nós de outra maneira. Apesar na nossa sociedade não ser cotidiano sentir em algum determinado momento da vida atracção por outro homem, deveria ser mais frequente do que na realidade é. Ninguém se pode negar a si mesmo, a atracção perante o mesmo sexo não nos converte necessariamente em gays, simplesmente indica-nos que somos humano. Temos a grande sorte a bissexualidade ter levado consigo essa violência congénita que herdámos dos nossos antepassados e ainda que influenciados pelo factor alfa nos possamos comportar pior que outros primatas, no dia a dia não somos nem devemos ser machos demoníacos. Para Wrangham e Peterson (1998) quase todas as espécies de primatas mais próximos a nós têm machos demoníacos onde a violência segue umas pautas muito definidas dentro da vida social da espécie. E a violência nestas espécies não é ao acaso. Os machos de orangotango utilizam a violação de maneira normal mas não há infanticídio. Um gorila macho nunca golpeia uma fêmea nem lhe provoca danos físicos mas cometerá infanticídio em quanto forma o seu harém. O macho de chimpanzé golpeará a fêmea até que ela reconheça o seu poder e se submeta, quando a fêmea está em estro, se ela não quiser o macho pode obriga-la. Os machos de chimpanzés, gorilas e orangotangos não estão bissexuados e são muito machos, mas eu não os invejo. Todos aqueles que não admitem ter uma parte feminina têm de ver em que grupo de grandes símios se podem encaixar. Não vale dizer : somos racionais e temos uma cultura superior à sua. Para além disso, como contam Wrangham e Peterson (1998), a vulnerabilidade das fêmeas é só uma parte da equação e a solução da mesma é a inteligência. Já que tudo o que é relatado acontece porque os animais têm capacidade intelectual suficiente para conhecer a personalidade dos outros. Para as espécies inteligentes o indivíduo que usa a violência é o que come melhor e o indivíduo mais violento é o que mais filhos procria. Sem a bissexualidade o homem deveria ser á força outro macho demoníaco; ainda que muitos poucos homens se vejam reflectidos nas reacções dos machos dos nossos parentes. Sem a bissexualização a corrente de violência tinha chegado até nós aumentada, não diminuída, pois temos mais inteligência que eles.

A parte homossexual que mitiga a violência e nos converte no que somos está em praticamente todos e em cada um de nós. Não importa qual é o grau de atracção homo erótica pois certos parâmetros do nosso comportamento sexual estão mascarados pela socialização. O ónus homossexual que cada um de nós tem dentro de si humaniza-nos e permite que a violência dos outros grandes símios não esteja constantemente presente nas nossas vidas, permite-nos também desfrutar dos prazeres reservados apenas às fêmeas de outros primatas, como os filhos, e muito provavelmente alonga-nos a vida ,pois como vimos num capítulo anterior os machos bonobos vivem mais que os seus parentes chimpanzés.

A bissexualidade é o dom que nos converteu em humanos e a parte homossexual que cada um de nós tem dentro de si permite-nos ampliar o nosso grau de visão e de actuação. Deveríamos estar orgulhosos em vez de insatisfeitos por sermos como somos.

Capítulo 12.

Uma sensibilidade diferente

Os homossexuais, sejam homens ou mulheres, fazem parte do seu grupo genérico masculino ou feminino, e compartilham com os seus congéneres a maioria das características, os seus cérebros são masculinos ou femininos. Mas o facto de serem homossexuais ajuda-os a entender melhor o sexo oposto por compartilharem algumas características com eles. Numa civilização livre de homofobia isto teria que ser por força uma vantagem, na nossa não o é. Na nossa sociedade a homofobia impregna tudo e a tolerância relativamente à homossexualidade é a excepção que confirma a regra.

Embora em todas as sociedades humanas a homossexualidade seja muito comum e frequente, não o é entre os grandes símios. A conduta de gorilas, chimpanzés e bonobos foi observada durante décadas de maneira intensiva, tanto em liberdade como em catividade. E nunca nenhum dos primatólogos relatou a conduta de um chimpanzé exclusivamente gay ou lésbica, nem dos bonobos, pois todos eles são pansexuais.

12. 1 Homossexualidade exclusiva como distintivo de humanidade

Ser exclusivamente homossexual é tipicamente humano e está relacionado com a humanidade. Se não somos os símios selvagens que podíamos ter sido, se a violência dos nossos parentes primatas ficou mitigada na nossa espécie foi porque sexualmente somos diferentes deles. Se na nossa espécie tivesse predominado a típica monosexualidade do chimpanzé, qualquer traço de civilização humana tal como a conhecemos hoje em dia teria sido impossível. A monosexualidade nos nossos parentes símios mais próximos está associada a dor, brutalidade, crueldade e violência. Dentro dos grandes símios só os bonobos pansexuais e os humanos graduadamente bisexuais conseguem desterrar do centro das suas sociedades o modo de violento típico de agir, geneticamente natural nos outros grandes símios. Devido ao factor visual, chamativo e provocativo da homossexualidade, esta está presente em quase todos nós. Portanto enquanto existam gays e lésbicas existirá a espécie humana, e existirão sempre porque ser humano é ser bissexual e a bissexualidade graduada implica a homosexualidade exclusiva num de seus extremos.

Ser homossexual (gay ou lésbica) não é fácil praticamente em nenhuma sociedade do planeta, quer Ocidental quer Oriental. Mas pelo menos na Europa, Canadá, Austrália e alguns outros países as coisas vão melhorando. A homosexualidade não é algo mau, impuro ou blasfemo como as religiões pregaram, é apenas uma das sete maneiras que os humanos têm de sentir. É tão só a forma mais singela que encontrou a evolução para acabar com o círculo de violência vicioso que, tal como os primatas, nos víamos obrigados a jogar.

12.2 Homossexualidade: mais uma forma de bissexualidade

A bissexualidade graduada é a sexualidade exclusiva da nossa espécie que nos converte em humanos. A homosexualidade é uma invenção da natureza, não uma invenção humana nem a sexualidade doentia que ainda se prega por aí. É tão só uma das sete formas de sermos bissexuais e, portanto, humanos.

Os medos face à homossexualidade não são atávicos nem ancestrais, são na realidade novos e recentes, herdados dos nossos antepassados mais próximos e precoces na história e relacionam-se com a imposição de uma maneira religiosamente humana de ver e viver a realidade. Como pode ser possível que os antigos Romanos da época Clássica fossem sexualmente mais livres que os modernos Europeus dos séculos XIX e XX? Se a natureza e a evolução não fizeram o ser humano monossexual e violento como os seus parentes mais próximos é porque os homens religiosos fingiram ser e actuar como deuses. Só se pode dizer que não

144

cairás na tentação homossexual quando sentes sedução e fascínio por este tipo de sexo. Se não há atracção não pode haver tentação, por isso para eles as lésbicas nunca existiram. Muitos destes homens julgaram o seu próprio medo face à atracção homossexual como uma tentação do diabo, mas como descobriu Gramzow (2002) esta fobia contra os homossexuais está mais relacionada com a falta de segurança na própria masculinidade e o medo à própria conduta do que com o diabo. Fingindo serem deuses tentaram reprimir sem concessões o que diziam ser uma tentação diabólica sem entenderem que o que é verdadeiramente satânico é reprimir os sentimentos. Não entender o porquê das coisas nunca deveria implicar o desejo de reverte-las a um estado conhecido.

As populações humanas em todas as partes do planeta vivem uma sexualidade incompleta porque um dia personagens pérfidas, perversas, maliciosas, daninhas e perigosas decidiram levantar-se e gritar após um sonho homo-erótico "-Isto vai contra natureza". Recordem que são os homens mais masculinos os que menos temem a homosexualidade, a fobia contra os gays está relacionada com o medo à própria atracção homossexual e à insegurança na própria masculinidade. A bissexualidade heptaseptada permite uma multidão de relações inter-pessoais que não se produzem na nossa sociedade por auto-limitação. À medida que a civilização avança, as relações humanas serão mais ricas e complexas porque a bissexualidade das pessoas precisa de ser expressada. Prova disso é que à medida que a nossa sociedade se vai tornando mais livre, mais ateia e menos religiosa a bissexualidade oculta volta a aparecer. Só é necessário ler a imprensa para o comprovar, a nossa espécie não é monossexual como a dos chimpanzés, por muito que seja isso que preguem, somos uns primatas com uma sexualidade bem mais complexa.

Para muitos homossexuais, a bissexualidade é algo mais fictício que real. Existe um ditado entre os gays que afirma que: "um bissexual é um homossexual encoberto". E a verdade é que muitos dos que dizem ser bissexuais, empregando o sentido pansexual de bissexualidade perfeita, são na realidade bissexuais que se situam no extremo mais alto da escala, mais próximos da homossexualidade total que da pansexualidade. Este facto não anula a bissexualidade, querer ser pansexual em vez de ser homossexual é na realidade uma forma de auto-protecção, um fenómeno relacionado com a homofobia e a pressão social. Nas sociedades actuais, onde a pressão social impõe uma sexualidade monossexuada, mais típica dos primatas não humanos, tudo o que não está dentro da estrita monosexualidade é não natural. O ser humano que pelas suas características biológicas poderia ser sexualmente livre para eleger as suas relações é, na realidade, um escravo social e a escravatura nunca foi boa.

Um homossexual dos nossos tempos não escolheu ser homossexual, não é um ser masoquista, é apenas um bissexual do extremo superior da escala, um Kinsey de grau 6. É um dos casos dentro da bissexualidade humana onde a eleição implícita pela pressão social é impossível; a biologia manda. Nos extremos de escala bissexual, a pessoa não está livre do seu cérebro e suas hormonas exigem-lhe uma determinada atracção, no resto dos graus onde a liberdade deveria permitir uma eleição mais ampla produz-se uma sexualidade escravizada.

É muito frequente que muitos homossexuais se neguem a si mesmos e se auto enganem para não admitir o que são. Mas como pode ser feliz alguém que se nega a si mesmo? Quanta infelicidade e quanta malícia devemos às religiões? Na sociedade em que nos tocou viver os gays e as lésbicas são os bissexuais de um extremo da escala. Nos extremos não existe nenhuma possibilidade eleição, a determinação biológica é quase total. Da mesma maneira que não se pode converter uma macieira numa pereira sem que se mude toda seu essência, não se pode converter um Kinsey de grau 6 num heterossexual por muito que se sinta pressionado,o seu cérebro é o que é, e se fosse de outra forma seria uma pessoa diferente. A pressão social pode esconder os comportamentos homossexuais reconduzindo uma pessoal para a heterosexualidade, apenas na medida em que a genética e a biologia o permitem.

Algumas autoridades políticas e religiosas tentam ser Deus tentando endireitar o que já era recto sem se darem conta que a única coisa que podem conseguir é partir o ramo. Os seres humanos não são monosexuais e pretende-lo é negarmo-nos a nós mesmos. A monosexualidade não é tão boa como a pintam pois nos grandes símios conduz a uma violência extrema que impede a própria humanidade. Não importa que o religioso ou o político o queiram, pois após um sonho ou contacto erótico com indivíduos do mesmo sexo levantam-se de manhã a pensar que são a representação ou a emanação de um deus, são tão humanos como os demais mortais mas mais equivocados, mais perversos e piores, que só tentam impor sua vontade na sexualidade alheia para reprimir os seus medos.

Em 2006 Ted Haggard, um pastor protestante do Colorado, famoso pela sua oposição contra gays e tudo o que soasse ou tivesse uma relação com a homossexualidade foi revelado pelo prostituto com quem mantinha relações. Independentemente da hipocrisia empregada pelo reverendo, dá-se o paradoxo de que a sua não aceitação não só amaldiçoava o que era e violentava-se a sim mesmo mas também condenava a sua mulher a uma infidelidade perpétua, a uma relação sem o amor suficiente e tudo isso para tentar cumprir uns preceitos sociais e religiosos desumanos. As religiões têm de estar ao serviço das pessoas, não as pessoas ao serviço dos religiosos e um deus que negue a natureza humana não tem nenhum sentido.

O filme "Save Me" do director Robert Cary conta a história de uma de tantas instituições repartidas pelos Estados Unidos de América dedicadas a reconduzir a sexualidade das pessoas. Uns pais que expulsaram o seu filho de 17 anos de casa quando ele lhes confessou que era gay, criaram uma destas instituições que curam a homossexualidade à base de orações, quando o jovem se suicidou a poucos meses do seu desterro. A mulher tenta reorientar a todo o custo o que biologicamente é impossível de reconduzir, sem se dar conta de que o que precisa é de se perdoar pela morte do seu próprio filho, que pesa na sua consciência mais que um tijolo. Há que ter cuidado com as pessoas que utilizam Deus para se justificarem e para justificarem as suas acções. Apesar de a fé poder mover montanhas não pode mudar a biologia das pessoas nem os seus sentimentos inatos. A fé não pode converter um homossexual em heterossexual, da mesma maneira que não pode converter uma mulher num homem, ainda que se possa fazer com que o preto pareça branco.

12.3 Cada "Alexandre" precisa da sua "Hefestión"

A homofobia, esse temor repudiado e intolerância irracional a tudo o que é homossexual, está presente na nossa sociedade há vários séculos. Devido aos êxitos conseguidos a homossexualidade continua a ser perseguida e estigmatizada, pelo que um gueto gay permite a libertação da homofobia que impera no resto do ambiente social. Em todos os lugares onde os homossexuais são menos perseguidos tendem agruparem-se em determinadas zonas para poderem expressar abertamente sua sexualidade. Faz sentido um bairro gay em Barcelona ou em São Francisco, mas faria mais sentido ainda em Bagdad ou no Teerão onde um bairro assim permitiria aos homossexuais aceitarem-se tal e qual como são. Ainda que não se possa pedir aos homossexuais dos países repressores que favoreçam a sua perseguição, é precisamente nestas regiões onde estas zonas seriam mais úteis.

Às vezes a subcultura originada nestes bairros cria uma moda social que se estende a toda a sociedade, mas outras vezes destaca como próprios e bons aspectos contraditórios com a própria biologia humana como a promiscuidade. Os gays na nossa sociedade são, em geral, bem mais promíscuos que os heterossexuais. Conta Symons (1979) que um estudo do Instituto Kinsey, sobre a promiscuidade dos gays na Baía de São Francisco, detectou que 25% dos gays tinham tido mais de 1000 pares homossexuais e os restantes 75% mais de uma centena, mas uma lésbica terá no máximo 10 pares em toda sua vida. Paradoxalmente, segundo conta John Boswell (1996), os escritores da antiguidade outorgavam geralmente mais expectativas de fidelidade e permanência às paixões homossexuais que às heterossexuais. E continua dizendo que, para muitos dos autores e escritores antigos, a experiência e a sabedoria ensinam que o amor entre homens é o mais estável.

É fácil entender que seja assim, numa sociedade onde a homossexualidade não era nem mal vista nem obra do Diabo, porque este tipo de relações não têm que romper as diferenças que criam a barreira de géneros numa espécie dismórfica como a nossa. A série "Queer as Folk" mostra-nos a infinita promiscuidade do mundo gay através de Brian Kinney, uma das personagens principais. E ainda que possa parecer que esta exagerada promiscuidade está unida ao facto de serem machos sem ligações reprodutivas, este não é o caso. A actual promiscuidade gay está relacionada com o temor ao compromisso, com o medo que têm de serem magoados e com o pânico à dor que provoca a ruptura. Todos os humanos se apaixonam e estão desenhados para as relações de casal e não para a promiscuidade. Isto pode estar relacionado com o medo instintivo e feroz à dor que provoca a ruptura de uma relação amorosa. O ser humano está programado para se apaixonar e estabelecer um vínculo longo e duradouro com outra pessoa. Quando um jovem homossexual se apaixona por outro fá-lo numa sociedade homófoba e muitas vezes fá-lo por um gay imune ao compromisso. E uma relação onde uma parte não está disposta a se comprometer só pode acabar em intensa dor. Para além disto, as rupturas sucessivas são como uma vacina e são imunes contra o desejo humano ao compromisso.

Stephen Gullo e Connie Church (1989) descreveram o choque sentimental como o estado de paralisia psicológica, desorientação e vazio que experimentam as pessoas depois da ruptura de um compromisso amoroso sério. O grau de dor do choque sentimental está relacionado com a intensidade do compromisso existente. Ao longo da vida podem-se sofrer muitíssimas rupturas, mas se uma pessoa não está profundamente vinculada o choque sentimental nunca será intenso. A promiscuidade, tanto homossexual como heterossexual, está relacionada com este fenómeno. O potente desconsolo que provoca a ruptura de qualquer compromisso sério cria uma barreira de protecção cerebral que se irá impor face a uma nova relação. A superação de um choque sentimental depois de uma vinculação afectiva forte impede um compromisso da mesma envergadura que o anterior. O cérebro fico tão tocado e escarmentado que o que menos se deseja é voltar a passar pelo mesmo. Aquele provérbio que diz: "se não queres caldo bebe dois copos" é incompatível com nossa imunidade cerebral, funciona melhor aquele que diz: "gato escaldado foge de água fria". Um primeiro choque sentimental, centrado exclusivamente na relação que acabou, costuma implicar a paralisação da vida por um longo período de tempo. Desaparece o desejo de comer e aparece a incapacidade de dormir. Um décimo choque onde o compromisso é menor e a perda já se tinha antecipado não provoca nem insónias nem falta de apetite. A promiscuidade é mais uma forma de necessidade e está relacionada com a falta de maturidade e auto-estima. Maslow (1972) escreveu sobre as relações inter-pessoais interessadas. Nelas se contemplariam as pessoas essencialmente como fonte de solução das próprias necessidades num acto de abstracção. Não se contemplam as pessoas como um todo, como indivíduos individualizados e integrados, mas sim desde o ponto de vista da sua utilidade, e o que não guarda relação com as necessidades do perceptor, é passado por alto ou produz aborrecimento, irritação ou, inclusive, sentimentos de ameaça. Para Maslow (1972) as relações inter-pessoais interessadas situam-se ao nível das que mantemos com as vacas, os cavalos e as ovelhas ou com as que mantemos com os camareiros, taxistas, porteiros e outros que nos prestam serviços. E segundo escreveu, uma das características das relações interessadas é que, num grau muito alto, as pessoas que satisfazem as necessidades do demandante são intercambiáveis. E desde o momento em que, por exemplo, um adolescente necessita de se sentir admirado, pouco importa quem a proporcione; uma fonte de admiração é tão boa como qualquer outra.

As relações promíscuas não têm como objectivo descobrir a essência da pessoa mas usar os seus encantos visuais para satisfazer as necessidades sexuais. Sem um desejo de compromisso estas relações centram-se exclusivamente na parte mais física e externa e não na percepção interna da outra pessoa, a que realmente importa, pelo que é bastante comum que relativamente à relação sexual os amantes passem pela vida como dois desconhecidos. Para todos os seres humanos o vínculo é necessário para a felicidade, e a promiscuidade só funciona sem vínculo. Suprimir o medo, temor, pânico, receio, apreensão e desconfiança ao compromisso pode trazer associada uma longa, feliz e gratificante relação de casal. A beleza e os corpos musculados desvanecem com o tempo, o sexo promíscuo é efémero. Quando se ama uma pessoa porque é compatível connosco e porque nos entende, a relação passa ao amor e consegue iluminar a totalidade da pessoa fazendo-a feliz por um período infinito. Não devemos esquecer que para ser feliz cada Alexandre precisa de encontrar a sua Hefestión.

12.4 Pela igualdade

Todas as leis que permitam diminuir a homofobia com uma maior integração social devem ser bem vindas: as leis dos casais homossexuais são um grande passo. A todos aqueles preocupados com a novidade, recordo-lhe que há centenas de anos antes do nascimento da era Cristã já se celebravam casais homossexuais, e segundo conta John Boswell (1996) a igreja Cristã só esteve interessada no casal a partir do ano 1215, ano em que foi declarado sacramento a realizar nas igrejas. Durante os primeiros 1200 anos a igreja teve outras preocupações como matar hereges e preparar-se para o iminente fim do mundo.

Para John Boswell (1993) o casal Cristão Ocidental ficou marcado pelas ideias de São Agostinho, o santo machista que reformulou o casal como um acto centrado na procriação. Sobre isto Boswell (1993) escreveu que o horror de Agostinho pelos actos sexuais [anti-naturais] (isto é, não procriadores) era tão grande que não só os proibia em termos absolutos às pessoas casadas, como aconselhava as mulheres Cristãs a mandarem os seus maridos a prostitutas, em caso de necessidade.

Bom conselho! Ainda bem que as mulheres não ligaram muito a isto. Nos tempos anteriores a Agostinho seguia a lei do casal Romano onde a procriação não era abrangida pela lei. Por conseguinte o casal eclesiástico, tal como o concebemos hoje em dia, é a imposição da visão de uma personagem machista e retrógrada.

Em respeito à adopção de crianças, convém não esquecer que os hospícios e instituições de acolhimento não são bons para as crianças, o seu lugar é com uma família. Spitz (1965) observou que os bebés precisam do contacto com os seus pais para se desenvolverem. Todos as crianças precisam de uma família, não importa se esta é heterossexual, homossexual ou monoparental, as crianças precisam da comunicação afectiva com os seus pais ou com os seus substitutos. Berman (2002) descobriu que os filhos de pais incapazes de comunicarem afectivamente com as suas crianças criaram crianças que apresentavam importantes problemas no seu desenvolvimento. Uma criança precisa de cuidados e sobretudo de comunicação afectiva, sem importar quem lha possa proporcionar. É chocante saber que existem pessoas que, pelas suas convicções homófobas, preferam que estas crianças permaneçam de forma indefinida em hospícios ou instituições similares.

Milhares de crianças em todo mundo, filhos de pais e mães homossexuais que partilham a sua vida com eles e com o seu par, permitiram centenas de estudos psicológicos de comparação com as crianças criadas em lares heterossexuais. E segundo a Associação Americana de Pediatría (2002) não existem diferenças significativas entre os filhos criados por pais heterossexuais ou homossexuais em relação a um conjunto de variáveis psicológicas como papéis de género, auto-estima ou relações sociais. E afirmam que, em relação à identidade sexual dos adolescentes criados por casais homossexuais, esta é consistente com sua identidade biológica; ou seja, que só os Kinsey de grau 6 serão homossexuais, os restantes serão heterossexuais.

Os meninos e os adolescentes socializam-se por mimetismo grupal e acabam socializados no grupo em que vivem. E como não existe nenhum grupo livre de homofobia, não existirá também a não liberdade de eleição sexual, serão apenas homossexuais os indivíduos biologicamente forçados a sê-lo. Com a vantagem de que para ele ou para ela, a sua tendência sexual nunca será causa de suicídio, ao ter sido criado numa família homossexual vai aceitar a homossexualidade como normal em relação ao ambiente social homófobo. Alguma gente pensa: "-podem se casar, mas não podem adoptar crianças porque podem abusar delas", mas os estudos da Associação Americana de Pediatría (2002) indicam que os meninos de pais homossexuais sofrem menos abuso sexual que os filhos de pais heterossexuais relativamente estereotipo preconcebido do homossexual pedófilo.

A oposição mais virulenta à adopção homossexual procede das religiões, para o Vaticano esta adopção destrói o futuro da criança, mas apenas temos de seguir na imprensa os múltiplos e constantes casos de pedofilia que afectam a Igreja para supor que uma criança sofre mais riscos de sofrer abuso sexual e ser destruído ingressando num centro católico. Milhares de crianças em todo mundo foram destruídas e martirizadas pelos religiosos que os tinham de educar e de ajudar. As notícias na imprensa são de fazer tremer! Os escândalos são constantes e afectam cada região do planeta onde religião católica está implementada. Lemos no BBC World que, em 1997, um tribunal estado-unidense considerou culpada a diocese católica de Dallas, Texas, por encobrir um caso de pederastia, e outorgou às vítimas 119,6 milhões de dólares por danos. Em 2002 um tribunal Francês condenou o bispo de Bayeux-Lisieux, Pierre Picam, de 66 anos, por não ter denunciado um abade que lhe confessou os seus abusos sexuais a 11 menores.

Em Espanha, em 2007, causaram impacto mas não causaram o enorme escândalo merecido, umas declarações do bispo de Tenerife que, pelo seu conteúdo, não deveriam deixar ninguém frio e indiferente. Transcrevo-as segundo apareceram numa notícia no Jornal de Cataluña[30]:

"Há adolescentes de 13 anos que são menores e estão perfeitamente de acordo e, até o desejam. Inclusive se te descuidas ele provocam-te"

Se procuramos na Internet os casos denunciados de pederastia são enormes e apenas se conhecem alguns casos. Porei como exemplo dois artigos aparecidos em 2009 na página Site de Europa Press[31-32]:

"Ao longo de 60 anos, aproximadamente 35.000 menores foram enviados para uma rede de instituições da Igreja formadas por reformatórios ou escolas profissionais. Destes, mais de 2.000 falaram à Comissão de Investigação sobre o Abuso Infantil que sofreram abusos físicos e sexuais durante o tempo que passaram nestes centros."

"O cardeal perfeito da Congregação pelo Culto Divino e a Disciplina dos Sacramentos, António Cañizares, considerou que "não é comparável" o caso dos abusos a menores em escolas Católicas Irlandesas entre os anos 50 e 80 com o aborto, porque o primeiro afecta uns "quantos colégios" e o segundo supõe que "mais de 40 milhões de seres humanos se destruíram legalmente"

Se alguém quer saber mais só tem que entrar na Internet e procurar os artigos na secção de notícias de algum motor de busca como o Google ou o Yahoo.

Capítulo 13

O factor alfa
ou a hierarquização grupal.

Os humanos são seres sociais e precisam do contacto de outras pessoas para se auto regularem e serem felizes. Segundo Lewis *et al.*, (2001) os cérebros límbicos dos mamíferos das pessoas obrigam à formação de vínculos duradouros com outras pessoas, animais de companhia e ,inclusive, seres inanimados como a empresa para a que trabalham. Os cérebros humanos precisam do vínculo límbico que implica lealdade, apreço, preocupação e afecto, de maneira a que as pessoas sozinhas vivam muito menos que as que estão acompanhadas, e para uma pessoa que está sozinha ter uma mascote é um seguro de vida.

13.1 Diferentes tipos de hierarquias
Para Dickinson e Koenig (2003) a grande maioria dos primatas que vivem em grupos sociais fazem-no em comunidades formadas por parentes próximos em grupos de pequeno tamanho, de cerca de 30 indivíduos. Nos primatas são geralmente os machos os que são família, e as relações fora da família são difíceis e impossíveis podendo chegar a ser violentas e fatídicas. Mas entre os primatas humanos a bissexualização permite que o amortecimento familiar não seja necessário e se possam formar grandes grupos ou mega-grupos com indivíduos não aparentados.

Quase todos os primatas são seres sociais, e a grande maioria vivem em complexas sociedades dominadas por hierarquias.

As hierarquias podem ser:

a) Rígidas. Típicas dos primatas menos evoluídos. Nestas sociedades a classe de cada indivíduo está muito claro e definido pelo que a mobilidade é baixa. Quando um indivíduo chega ao poder permanece nele muito tempo. De tal forma que quanto mais clara é a hierarquia menos necessidade tem de se reforçar. Um escalão tão claro elimina as tensões e produz longos períodos de paz e relaxe social.

b) Elásticas. É um tipo de hierarquia onde o status social do indivíduo não está muito bem definido, e por tanto não é inamovível. O status pode variar utilizando a violência ou mediante o uso de maquiavélicas alianças políticas que darão posição e poder. Este tipo de subordinação é muito stressante porque cria um poder temporário que não está bem definido. O alfa tem sempre estar expectante às intrigas em seu redor, já que as conspirações para lhe retirar o posto são constantes. É a hierarquia típica do chimpanzé.

13.2 Disciplina nas hierarquias rígidas

Nos animais sociais com uma hierarquia social rígida, cada indivíduo tem um papel bem definido. Os elos hierárquicos ordenam-se como as letras do alfabeto grego. Na cúspide está o indivíduo alfa ou chefe absoluto da manada, segue-se o beta subordinado ao alfa que actua como general do chefe esperando pacientemente o momento de ocupar o seu posto. E cada indivíduo ocupa uma clara posição na hierarquia social do grupo.

Um dos melhores exemplos para descrever as relações que se estabelecem nas hierarquias rígidas é ver o que ocorre numa manada de lobos cativos. Os lobos são animais que estão rigidamente hierarquizados. Os estudos de manadas de lobos que vivem em cativade fazem-se com indivíduos de diferentes procedências. Estes animais estabelecem hierarquias muito claras seguindo a classificação de dominância alfa, beta, gama, ..., ómega. E organizar-se-ão desta maneira se forem enclausurados (Mech 1999). As relação entre indivíduos define-se em brigas, entre dois, sendo o ganhador das mesmas o dominante na relação. O macho alfa do grupo é o indivíduo dominante sobre todos os outros indivíduos, é o animal com mais possibilidades de estar com as fêmeas durante o cio, é o lobo que come primeiro, mantém junta e com coesão a manada, e defende-a, além de evitar as condutas agressivas reprimindo os indivíduos em conflito (Slater 1988). No lobo cativo as hierarquias estão sexuadas pelo que há um macho alfa e uma fêmea alfa como representantes máximos do grupo (Schenkel 1947). Os animais estão totalmente hierarquizados. Isto nota-se sobretudo na distribuição dos alimentos, os lobos submetidos pedem comida mexendo a cauda, dobrando as orelhas e lambendo o focinho do chefe em sinal de submissão. A submissão é provém, também, de gerações, os animais estão subordinados aos seus irmãos mais velhos e aos seus pais (Mech *et al.*, 1999).

13.3 O grupo social.

As pessoas tendem a formar vínculos com outra ou outras pessoas e podem formar uniões em conjunto. Para Tajfel (1978) um grupo social é um agrupamento de indivíduos com consciência colectiva sobre si mesmos com entidade grupal diferenciada, que compartilham critérios de identidade social ou similitude com outros. Para Turner (1981) um grupo social forma-se quando dois ou mais indivíduos partilham uma identidade social comum e se auto apercebem como membros de uma mesma categoria que se diferença de outros grupos sociais. Para Canto Ortiz e Moral Toranzo (2005) no comportamento social o indivíduo pode interactuar com a sua identidade pessoal (diferença entre eu mesmo e os outros) ou com a sua identidade social (diferença entre nós e eles).

Os indivíduos que se integram num grupo sofrem de despersonalização ou desindividualização. Para Turner (1987) a despersonalização é o processo pelo qual as pessoas se vêem como sujeitos intercambiáveis de uma categoria social bem definida. Os indivíduos deixam de se ver como pessoas únicas e diferenciadas. Na despersonalização, processo básico nos fenómenos de grupo, uma conduta individual transforma-se em colectiva. Não implica em absoluto que se perca a identidade individual mas implica sim uma mudança ao nível da identidade pessoal à social (Canto Ortiz e Moral Toranzo 2005). Le Bon (1895) descreve a desindividualização como a transformação do indivíduo em gentio em base à combinação dos mecanismos psicológicos de anonimato, sugestão e contágio, que fazem mudar uma multidão em multidão psicológica.

A desindividualização converte a mente colectiva em individual e como consequência o auto-controle diminui ou perde-se e violam-se as normas pessoais ou sociais (Canto Ortiz e Moral Toranzo 2005).

13.4 Factor alfa: o grupo como organismo hierarquizado.

Para De Waal (2007) quanto mais clara está a hierarquia (rígida) menos necessidade há de reforça-la, inclusive entre os belicosos chimpanzés uma hierarquia estável elimina as tensões e produz longos períodos de paz e relaxe social. Devido aos benéficos efeitos que uma clara estrutura de poder hierárquico provoca, não é raro que os humanos sejam tão aficionados em se incluírem em grupos de rígidas hierarquias. Em geral os animais sociais regem-se por uma hierarquia dominantemente rígida onde cada indivíduo tem um papel bem definido, isto também é assim para a maioria dos primatas. Os humanos são primatas e durante grande parte da evolução compartilhámos este tipo de autoridade com os restantes pelo que as nossas mentes hominídeas estariam predispostas a seguir este tipo de papel social hierárquico. Para além disso uma hierarquia rígida é muito estável, já que elimina as tensões individuais e produz longos períodos de paz e relaxe social, pelo que não é de estranhar que quando o ser humano forma grupos sociais estes se organizem instintivamente em hierarquias rígidas. Nestes grupos sociais as interacções entre indivíduos estão determinadas totalmente pelo pertence a um estrato e não pelas relações individuais pessoais. Este processo de incorporação a uma rígida hierarquia grupal anula de alguma forma o indivíduo para convertê-lo num ente grupal, de forma a que quando o ser humano se integra num grupo, bem organizado hierarquicamente, passa a fazer parte de um elo de um organismo superior onde o amortecimento bissexual que humaniza individualmente as pessoas desaparece. Todo o grupo funcionará hierarquicamente como uma sociedade com hierarquia rígida. Nele as pessoas individuais desaparecem para se transformarem em seres socializados que responderão colectivamente como estamento, com obediência colectiva cega ao escalão superior. O indivíduo integra-se num estrato e as leis deste estrato cobram uma importância inusitada, assim as bases convertem-se em peões disciplinados, autômatos obedientes, sujeitos e subordinados a um comando hierarquicamente superior.

A fixação humana em criar grupos estáveis, com normas sociais muito bem definidas, e a se integrarem num escalão dos mesmos, converte os indivíduos grupais em obedientes borregos. Os indivíduos deixam de actuar como indivíduos para o fazer como membros integrantes do estamento de um grupo social estabelecido e comportar-se-ão como se espera no seu escalão.

Este passo que permite às pessoas comportarem-se hierarquicamente como os seus primatas ancestrais que anula o efeito amortecedor da bissexualidade é o que denomino de factor alfa.

A história mostra-nos como este factor alfa permitiu a criação de monstros completamente desumanos onde, individualmente, havia pessoas. Por exemplo, quando um grupo de pessoas queimam e arrastam outras pessoas por causa da religião, não o fazem como indivíduos mas como parte de um estamento grupal obediente a um hierarquia superior, e o que esses indivíduos não poderiam fazer de maneira individual, devido ao amortecimento bissexual, são capazes do fazer como elo ou parte obediente de um grupo. Sem este factor alfa não se entendem todas as barbaridades e atrocidades que o homem realizou longo da história. Este poder que desumaniza as pessoas, integrando-as num nível dentro um grupo explica a inquisição, o holocausto, a caça às bruxas e muitas outras maldades grupais humanas. O factor alfa é temível porque reverte a hierarquização rígida dos antigos primatas em símios de grande inteligência que a bissexualização permitiu juntar em grandes grupos e mega grupos.

Estes grupos funcionam seguindo uma clara hierarquia rígida, e se o poder (posição alfa) é ocupada por um ser violento e malvado, todo o grupo pode ficar mais daninho, prejudicial, perigoso, venenoso, mau e pernicioso que qualquer outro ser individual conhecido e, comparativamente, os brutais chimpanzés podem parecer amáveis e ternos. Por sorte a adesão grupal nem sempre é total; pode ser graduada.

O passado hierárquico dos primatas teria criado no subconsciente humano o estigma para que esta clara reversão fosse possível. Mas aqui a bissexualização teria tido um papel contrário, rompendo a barreira primata do mini grupo e permitindo mega grupos que, ademais, permitem juntar sem distinções nos grupos ambos sexos. O factor alfa permite aos grupos humanos comportarem-se como indivíduos hierarquizados capazes de obedecer cegamente às ordens dos seus líderes e potenciar o seu poder para o bem ou para o mal.

Sempre me perguntei porque é que todas as história de encantar precisam de um nobre, rei, rainha, príncipe ou princesa que este por enzima de todos e governe a seu desejo, quando o mais justo e formoso seria criar na ficção uma democracia. Mas como todos os autores desses livros sabem venderiam muito menos. A nobreza e as suas linhagens fariam parte do fenómeno. A hierarquia primata escrita nos nossos cérebros prefere a diáfana hierarquia. É tão poderoso o factor alfa que, inclusive, personagens com tanto poder como o presidente dos Estados Unidos inconscientemente podem se inclinar e reverenciar um rei estrangeiro: o presidente Obama fê-lo com o rei Saudí e o presidente Clinton com o imperador Japonês[17].

Sob semelhante poder os homens de um grupo social seguindo o "chefe" podem transformar-se em monstros. A hierarquia imposta pelo factor alfa diminui as liberdades de uma forma escandalosa. O homem descobriu cedo este factor milagroso e criou múltiplos grupos com os seus hierarcas. A hierarquia grupal cria correntes de comando mais mortíferas, ferozes e perigosas que qualquer uma das estabelecidas de forma natural no mais assassino dos primatas. O chefe supremo, seguindo a mesma lógica, converte-se em deus e numa máquina de matar quase perfeita e deixa de ser essencialmente racional porque matar de forma teledirigida é sempre mais fácil.

Napoleão Bonaparte afirmou:

"um soldado lutará longa e duramente por um bocado de fita colorida".

Evidentemente equivocou-se pois esse soldado não estava interessado em nenhuma condecoração militar, obedecia a esse poderoso factor que se impunha sobre ele como parte de um grupo social e que o tornava como um ser primitivo. E ainda que os machos de chimpanzé possam parecer ferozes e violentos, os homens sob o efeito do poderoso factor alfa tornam-se principiantes.

O ex-eurodeputado Ignasi Guardans[24] disse o seguinte em declarações a uma rádio em Abril de 2009:

"A Catalunha corre o risco de ter um totalitarismo nacionalista" [porque] "há pessoas que acham que as suas ideias são melhores e pensam que as podem impôr e ,inclusive, excluir do país os que não tenham a mesma ideia. E isto é a definição de fascismo?. [E finalizou recordando umas palavras do Presidente Obama] "Ninguém não é suficientemente Americano por não pensar como nós".

É muito comum na política Catalã, mas também na Espanhola, pensar que se não falas, pensas ou sentes como eles não és Catalão, Castelhano ou Espanhol. Na realidade quando um político é reeleito várias vezes fortalece-se e situa-se na posição de macho alfa dominante sem lhe importar em demasia os seus subordinados e votantes. Uma limitação da lei que impeça mais de dois ou três mandatos seguidos seria suficiente para atalhar este enorme problema das democracias. E mais ainda quando a adesão alfa à política nunca costuma ser total mas muito graduada.

Jeremy Rifkin (2004) e Mark Leonard (2005) consideraram nos seus livros sobre a Europa que o futuro do século XXI estava na União Europeia. Parecia-lhes, com razão, uma zona o suficientemente importante para se converter no novo foco mundial de poder do futuro, à qual poderiam aderir novos estados como o Canadá. (Na sua visão perfeita da Europa poderiam, inclusive, aderir as outras Europas do mundo como: Austrália, Nova Zelândia, Ibero-América e alguns outros países). No entanto ambos autores não tiveram em conta o comportamento social das pessoas, a União Europeia é uma hidra de 27 cabeças unidas a um mesmo pescoço, onde cada cabeça se quer alimentar do seu ar. Não se passava nada se tivesse uma hierarquia clara que estivesse sobre todas elas mas se de algo carece o continente é de uma clareza hierárquica. Os grupos humanos precisam de hierarquias rígidas claras, as hierarquias desbotadas não se compreendem e são recusadas grupalmente. Alguém em França acha que hierarquicamente o Durão Barroso é superior a Nicolás Sarkozy? Para formar um grupo Europeu do que façamos parte todos os cidadãos de Europa, inclusive os Ingleses, precisa-se de uma hierarquização clara que proporcione nas nossas mentes de primatas a sensação de pertence a um grupo rigidamente estável. A Europa pode ser um colosso, mas sem uma hierarquização real e clara é como um exército sem comandos: inconsistente. E assim só pode pretender uma adesão social muito baixa e graduada, nunca total. O nosso subconsciente grupal primata precisa de uma visão do poder clara para poder aderir a ele. Não se trata de converter a União Europeia num novo país federal se não for esse o objectivo, mas ali onde a Europa manda o poder tem de ser diáfano. A Europa precisa de uma hierarquia rígida que os Europeus sintam como sua para aderirem grupalmente à sua estrutura ou manter-se-á indefinidamente como um clube desbotado.

13.5 A experiência da "prisão de Stanford"
No verão de 1971 na Universidade de Stanford realizou-se um experimento clássico da psicologia. Philip Zimbardo, do departamento de psicologia, perguntou-se: Que sucede quando se põem pessoas boas num lugar mau? A humanidade ganha ao mal, ou o mal triunfa? Para contestar desenhou um experimento financiado pelo exército dos Estados Unidos. O experimento consistiu em criar as condições de uma prisão com jovens estudantes universitários de classe média. Uns teriam que interpretar o papel de guardas e os outros de presidiários. Para isto criou-se uma prisão fictícia nas caves da Universidade de Stanford. Estabeleceram-se também as condições específicas para provocar a desorientação, a despersonalização e a desindividualização dos jovens. Os guardas equiparam-se como guardas com uniformes e cassetetes e os prisioneiros como prisioneiros com uniformes com os seus números cosidos, inclusive. E as cobaias humanas aderiram firmemente aos elos grupais que se lhes tinha sido atribuído, comportando-se como se esperava do seu estatus recém-adquirido.

A investigação sobre a psicologia da vida na prisão, planeada para duas semanas, teve que acabar prematuramente apenas seis dias após o inicio. Os estudantes universitários que participaram no experimento aderiram totalmente ao elo grupal atribuído de uma forma inesperada. Em poucos dias, cada indivíduo tinha-se identificado totalmente com o seu grupo. Tanto que no quarto, perante o rumor de um plano de fuga, os guardas tentaram mudar o experimento para um bloco de celas reais. Os guardas tornaram-se sádicos e os reclusos começaram a mostrar desordens emocionais agudas, choros e o pensamento desorganizado típico dos encarcerados.

Um prisioneiro que talvez não tenha aderido totalmente, o número 416, farto do tratamento dos guardas, começou uma greve de fome. Foi castigado com a cela solitária durante três horas, onde o obrigaram a sustentar ao alto as salsichas que se tinha recusado comer. Os outros prisioneiros não o apoiaram pois pensaram que era um alvoroçador que só queria problemas. Os guardas indispuseram os outros presos contra o prisioneiro número 416 propondo-os a entregar as suas mantas para que em troca o número 416 voltasse para a sua cela. Escolheram dormir quentes.

No experimento os indivíduos deixaram de actuar como pessoas individuais para o fazer como membros integrantes de um grupo social estabelecido (Zimbardo *et al.*, 1989).

Capítulo 14

Factor alfa: a guerra

A guerra é a pior marca da humanidade e foi documentada desde que o homem pôde fazê-lo. O homem como indivíduo não vai à guerra, é o homem desindividualizado, parte de um grupo fortemente hierarquizado, o que vai à guerra. A guerra dos homens é muitíssimo pior que qualquer briga entre chimpanzés. Ainda que nos tenham feito achar que a guerra está na natureza do homem. E embora em aparência pareça que este só espera uma desculpa para a mesma, a realidade é bem mais complexa. Que o homem se pode converter numa máquina de matar é evidente, só há que ter em conta os 40 milhões de mortos da Segunda Guerra Mundial (Leonard 2005). Mas como veremos posteriormente é necessário que esses homens sejam submetidos a um duro processo de desindividualização para que o possam fazer. O fundamental do adestramento que ocorre nos exércitos não é a aprendizagem das técnicas de luta e o uso das armas. Sobretudo os exércitos jovens individuais num ente grupal, hierarquicamente obediente, prontos para obedecer cegamente até as ordens mais temerárias. Os militares desindividualizam as pessoas e convertem-nas em parte de um complexo social hierárquico.

14.1 Exército: grupo hierarquizado de soldados.
a) Estabelecimento do grupo.
Segundo Dyer (2007) as forças armadas de qualquer país sabem como pegar num jovem e converte-lo em soldado. Para isso só precisam de umas poucas semanas e o indivíduo ter-se-á convertido num soldado dos pés à cabeça, com as atitudes e

reacções correctas. São necessárias pessoas jovens, preferencialmente menores de 20 anos. Estes recrutas, com tão pouca experiência no mundo, não terão nenhuma oportunidade face aos exércitos de milhares de anos de história. Os exércitos sabem que, na sua juventude, todos os seres humanos são bastante maleáveis e podem conseguir com que gostem de tudo o que se associe à luta. As guerras demonstraram que os homens adultos também podem ser treinados como soldados, mas a diferença relativamente aos jovens é que é quase impossível conseguir com que gostem (Dyer 2007) ou seja nunca vão aderir totalmente ao grupo, quanto mais adulta é a pessoa mais difícil é inseri-la num grupo.

O primeiro passo, a desindividualização, passa por destruir as crenças e a confiança do indivíduo em si mesmo, ficando reduzido a uma posição de indefesa. É lhes cortado o cabelo e são obrigados a usar uma vestimenta específica e estranha. Aos jovens recrutas, isolados do seu ambiente normal, é-lhes aplicado uma potentíssima pressão física e mental. Serão golpeados uma e outra vez durante cada minuto do seu tempo durante o seu treino. O castigo é a norma, nenhuma infracção ou erro leve será consentida. Tenta-se que rompam totalmente o seu contacto com a sua vida anterior, por exemplo, os marines dos Estados Unidos só permitem que os seus recrutas liguem para casa uma vez por mês (Dyer 2007).

b) O grupo como um todo
Apaga-se e suprime-se todo o vislumbre de individualidade. Os recrutas sofrem maus tratos e castigos de maneira continuada. Se um recruta comete uma falta, os seus colegas, com os quais passa todo o tempo, podem ser castigados com ele. Os instrutores reforçam a união, ao máximo possível, utilizando a concorrência. O recrutas competem o tempo todo entre eles para serem os melhores e rivalizam com outras secções de recrutas, com o que se reforça ainda mais a unidade dentro do grupo. O treino implica também uma dose diária de pequenas vitórias que motivam aos recrutas a unirem-se mais, como correr entre arame com espetos ou subir um muro totalmente liso apoiados numa corda. O exército forma com estes jovens um grupo, esta patrulha é o que permitirá ao indivíduo lutar. Segundo

Dyer (2007) muito poucos homens morreram no momento real da batalha pelo seu país ou pelos seus ideais ou, inclusive, pelos seus lares ou famílias, morreram pelo grupo de que faziam parte. A identificação impessoal do soldado com os outros membros de sua unidade é o que permite aos exércitos funcionarem durante os combates, por erra razão eles são agrupados tão perfeitamente. No último momento morreram pelos seus colegas e por uma visão grupal de si mesmos. É o que, segundo Dyer, um soldado veterano do Vietname chamava de:

"a pressão dos iguais...pessoas que estão aqui contigo que provavelmente salvaram a tua vida ou que te vão salvar no futuro".

c) Jovens sem distinção
Ainda que na actualidade a participação de homossexuais nos exércitos esteja muito mal vista e proibida em muitos países, como os Estados Unidos, todos os jovens, homossexuais ou heterossexuais, mulheres ou homens, podem formar grupos. Segundo um artigo do jornal diário o Mundo[18] com a legislação do "don't ask, don't tell" (não te digas e não te vão perguntar), promulgada pelo presidente Clinton em 1993 ter-se-iam aumentado em 92% as baixas forçosas pela homossexualidade no Exército Norte-Americano em vez de se reduzir a lei tal como pretendido. Na antiguidade sabiam que a filiação sexual não só não impedia a formação de grupos como os reforçava já que se consolidavam as relações de amizade e camaradagem com as relações amorosas que se estabeleciam entre os seus membros.

O chamado Batalhão Sagrado de Tebas (século IV a. de C.) era uma unidade formada por 150 casais de jovens amantes. Os soldados do Batalhão combatiam sempre com o seu par, costas com costas, de maneira a que se um baixava a guarda, o seu amado corria um sério perigo de morte. Isto obrigava aos soldados a lutarem até o limite das suas forças, importava-lhes menos a sua vida que proteger a pessoa amada. A coação moral sobre o soldado era total, pois não só devia proteger os seus colegas, como dele dependia em parte a vida da pessoa que amava. O amor era o impulso divino que tornava valentes os soldados até limites insuspeitos e a sua vida passava a ser menos importante que a do amado por quem ele que lutava. No ano 338 a.c lutando, na que seria sua última batalha, contra um exército muito superior em número, os soldados do Batalhão Sagrado de Tebas não se retiraram e morreram quase todos, enquanto os demais batalhões se rendiam ou fugiam. Tem de ser ter em conta que naquela época, para o Professor Arthur Nock[33]de Harvard, as batalhas entre as cidades de estado Gregas acabavam com um número muito pequeno de baixas e que Alexandre Magno não perdeu mas de 700 homens por acção directa de uma espada.

Os soldados do Batalhão Sagrado continuaram a lutar contra o poderoso exército de Filipe de Macedónia e contra o seu filho Alexandre até à morte. Num gesto de reconhecimento pela sua valentia, o rei Filipe mandou que se enterrassem ali onde tinham caído vencidos. E permitiu à cidade de Tebas levantar um monumento em sua honra. Ergueram um leão sobre um pedestal em mármore, o famoso leão de Queronea que foi redescoberto em 1818.

Os homens dos exércitos de sempre lutaram muito de perto uns com outros. Esta presença constante dos colegas que vivem a mesma situação é a gasolina que mantém a funcionar o motor da luta, sem ela não há nada. E como os gregos descobriram o afecto sexual, homossexual ou heterossexual, reforça ainda mais a conexão dentro do grupo e não a debilita.

d) Hierarquia rígida

Nunca houve um exército igualitário e sem comandos, não funcionaria e não faria sentido. Nem sequer a antiga União Soviética ou a Chinesa comunista propuseram algo semelhante. Sem o comando hierárquico o exército seria um grupo de homens em desbandada face à a primeira escaramuça. As organizações militares precisam de uma rígida distinção hierárquica com uma separação muito clara entre comandos e soldados que, ademais, exige uma adesão total e uma obediência cega. Desde o primeiro dia é ensinado ao recruta que a desobediência é o pior dos males. O castigo por qualquer acto de desobediência à ordem hierárquica, por mínimo que seja, é sempre desproporcional em relação à causa que o originou.

Conta Dyer (2007) que na hora de formar recrutas tem de se conseguir que o comandante da companhia seja, juntamente com os seus outros comandos subordinados, o modelo e a base de autoridade. O chefe hierárquico tem de ser o foco a partir do qual os recrutas desenvolvem a fidelidade ao grupo. Em qualquer base militar isto consegue-se com a utilização de uns comandos muito estereotipados nas suas funções. O comando directo mais próximo será sempre muito duro e um sacana, o instrutor chefe tem o papel do homem mais compreensivo e benevolente disposto à tutoria individual e, finalmente, o comandante da base, a personagem austera e quase divina.

Todos os militares estão obrigado a obedecer, uma ordem relativa ao serviço que um superior lhe dê. Ainda que as leis e regulamentos dos exércitos dão direito a reclamar os actos de um superior, estas leis não dispensam a obediência a que está obrigado o inferior hierárquico nem suspende o cumprimento de uma ordem. Para os militares, as ordens e a hierarquia são indiscutíveis, em preto e branco, não admitem matizes.

Nas sociedades hierárquicas animais, que copiam fielmente, existe sempre a possibilidade de luta pelo posto supremo e a derrocada. Na sociedade hierárquica militar não existe a possibilidade de luta para chegar a um posto supremo. Os que chegam ao topo quase nunca o fazem por derrocada de liderança, mas devido aos seus prémios e recompensas. Isto cria em definitivamente um sentimento ainda bem mais forte ao superior hierárquico, ao que se produz na natureza onde existe sempre a possibilidade de derrocada.

e) Os comandos querem mortes

As guerras são a pior marca da humanidade. Durante toda a história têm tirado as vidas de milhões de homens e mulheres com um futuro prometedor. As batalhas não são decididas pelos soldados que entregam as suas vidas, decidem-nas os políticos que, longe do campo de batalha, sentados no seu escritório, perderam toda a possível base de humanidade. As batalhas tornam as pessoas normais em peões que matam e morrem de forma voluntária por uma causa que a maioria deles desconhece. Para Anthony Swofford (2004) ex-marine dos Estados Unidos, que lutou na primeira Guerra do Golfo, se as guerras fossem dirigidas por homens sobre o terreno, pelos homens que lutam cara a cara com o inimigo, a grande maioria terminaria de forma rápida e sensata. Os homens são animais inteligentes e não querem morrer tão rápido por tão pouco.

Para o presidente de turno que decide dar a ordem para avançar e toma qualquer posição, trata-se só de um acto de poder político para conseguir certos objectivos legítimos ou ilegítimos. Para o soldado significa enfrentar cara a cara a morte. Para os altos mandatários, cuja função é dirigir as guerras e mandar na vida de centenas, milhares ou milhões de soldados, os mortos são só números que não podem comover mais que minimamente o coração. Estes estadistas não deixam de ser humanos nem por um minuto e para eles uma ferida infectada numa das mãos tem maior importância que mil mortes de desconhecidos num país longínquo.

Fora dos escritórios no campo de batalha os comandos querem mortes efectivas ao menor custo possível. Para Anthony Swofford (2004) os capitães, tal como os seus soldados, não querem guerra. Mas se a um capitão de uma companhia propõem usar a dois dos seus melhores franco-atiradores para que com os seus tiros certeiros provoquem estragos muito grandes no inimigo para que consigam que se desmoronem e se rendam, o que provavelmente não irá acontecer. Uns poucos tiros fáceis podem dar por acabada a batalha e o que os comandos precisam é da acção da guerra escrita na sua folha de serviço. Por isso, os franco-atiradores são recusados, a companhia inteira assalta o inimigo e provocam-se muitos mortos, de ambos os lados. Mas assim o capitão terá a sua ansiada acção de guerra escrita na sua folha de serviço.

No seu livro "Guerra desde o nosso passado pré-histórico até ao presente" Gwynne Dyer (2007) transcreve umas palavras de Paul Fussell um oficial de infantaria da Segunda Guerra Mundial que opinava que um chefe tem que se manter à distância, pois a distância entre o oficial e o alistado ajuda. Uma das coisas mais dolorosas da vida é ter que conter o afecto pelos seus soldados, mas um chefe sabe que em alguma ocasião vai ter que os destruir pois são puro material. E em parte ser um bom oficial é saber quantos soldados pode usar para cumprir a tarefa.

f) Criando soldados insensíveis

Para Grossman (1996), Tenente Coronel retirado das forças armadas do exército Americano e professor de ciência militar na Universidade de Arkansas, os seres humanos têm uma forte resistência natural para matar. A maioria das pessoas tem uma resposta inata de fobia à violência, pelo que os soldados têm que ser especificamente treinados para matar. Os exércitos Ocidentais sabem-no e preparam os seus soldados para que se desenvencilhar frente ao sofrimento do inimigo e matar. Os soldados Norte-Americanos no Vietname foram treinados com este novo método e segundo Peter Watson (1978), num estudo levado pelo coronel Marshall, descobriu-se que com este novo treino 80% dos soldados Americanos disparava a matar. Para Dyer (2007) a grande disparidade de baixas na guerra das Malvinas entre os exércitos Argentino (649) e Britânico (258) deveu-se ao facto de os soldados Argentinos não estarem preparados especificamente para matar, ao contrário dos Ingleses.

Grossman (1996) afirma que a violência generalizada nos meios de comunicação interactivos, videojogos e filmes, está a tornar os jovens menos sensiveis de uma maneira similar ao que exército faz com os soldados para que estes matem. Segundo ele, se se chega à etapa em que infligir dor e sofrimento não são tomados como repulsivos mas como uma fonte de entretenimento, isto acabar criando assassinos. Já vai sendo hora de pedir responsabilidades aos que mandam, porque se é verdade o que afirma Grossman então o futuro pode ser aterrador.

14.2 Um pouco de esperança: Somos bissexuados.
a) O homem não quer matar

O coronel Marshall (1947) do exército dos Estados Unidos pesquisou sobre o que faziam os soldados de infantaria no campo de batalha durante os anos 1943-1945 em plena Segunda Guerra Mundial. Ainda que sempre se tenha dado como facto que os soldados no campo de batalha matavam para defender a sua própria vida, o que descobriu é surpreendente: os soldados não fogem do combate mas mesmo sob fogo inimigo não matam. Apenas 15% dos soldados disparam as suas armas na batalha, o resto não o faz. Estes valores aumentavam para 25% nas companhias mais agressivas e sob uma pressão mais intensa.

Marshall pesquisou o ocorrido imediatamente após o combate em mais de quatrocentas companhias de infantaria na Europa e no Pacífico, e os resultados foram sempre similares, repetiam-se uma e outra vez. Os soldados na companhia de outros soldados ao serem observados matam mas quando estão sozinhos na sua trincheira e não se sentem observados, disparam as suas armas mas não matam. Cada homem que faz isto fá-lo em segredo pensando que ele é o único que faltou ao seu dever. Pelo que o coronel Marshall conclui, o indivíduo que suporta a tensão do combate, tanto física como mentalmente, tem uma profunda e inconsciente resistência a matar outro ser humano. Marshall achava que isto era só possível nos tempos modernos quando o soldado tem maior possibilidade de escapar do olhar dos seus colegas. Conta Grossman (1996) que uma investigação posterior resolveu a questão. Em 1963 recolheram-se 27.574 mosquetes abandonadas na província de Gettysburg, 90% deles carregados, no campo de combate de uma das batalhas mais sangrentas da guerra de secessão dos Estados Unidos. Já que o mosquete é um arma antiga que precisa de ser carregados manualmente, os pesquisadores consideraram a possibilidade de estarem carregados para um novo disparo, mas depois de uma análise minucioso das armas chegaram à conclusão de que uma grande maioria dos soldados que lutaram negaram-se a disparar os seus mosquetes, inclusive em condições do combate cara a cara com o inimigo.

Para Grossman (1996), inclusive entre os soldados Ocidentais actuais treinados para matar, a morte de um semelhante tem altas consequências para o jovem. Os militares que cumprem e fazem o que lhes foi ensinado carregam uma enorme parte da culpa que vai minando as suas consciências dia a dia. Suspeita-se que as altas taxas de stress pós-traumático das guerras modernas se devem a este facto. Segundo o Instituto Nacional da Saúde Mental dos Estados Unidos[19] (NIMH) cerca de 30% dos homens e mulheres que passaram alguma época da sua vida em zonas de guerra sofrem de stress pos-traumático. Os veteranos de guerra são os mais afectados. O stress pos-traumático rompe a vida emocional da pessoa de forma crónica, debilitando-a com pensamentos, lembranças persistentes e aterradores dessa terrível experiência. Os afectados são mais susceptíveis que as demais pessoas a sofrerem transtornos de ansiedade, depressão, abuso de drogas e suicídio.

Os responsáveis militares e políticos que forçam os seus soldados a matar deveriam ser castigados penalmente. Sentados numa poltrona de um escritório os soldados podem ser só números, mas no campo de batalha são pessoas que sofrem e morrem.

b) Reverter o efeito

Há um acontecimento pouco conhecido e pouco publicitado da Primeira Guerra Mundial que permite ver até que ponto a individualização pode reverter os efeitos da desindividualização.

Este acontecimento ocorreu durante o Natal de 1914, enquanto a maior parte de Europa se dessangrava numa guerra mais fratricida que as anteriores. Na fronteira Franco-Belga-Alemã os soldados Franceses, Alemães e Ingleses lutavam escondidos em trincheiras. O alto mando alemão, num gesto humano que o honra, decidiu enviar árvores de Natal aos seus soldados. Enviaram grandes quantidades de abetos e em vários pontos da frente havia uma árvore a cinco ou seis metros. As arvorezitas foram enfeitadas com velas, e pela noite fora, reunidos em seu arredor, os soldados alemães cantaram canções de Natal, entre eles a música "Noite de paz" (stille nacht). Na escuridão da noite estas árvores iluminadas ajudaram a criar um clima de irrealidade; este clima de irrealidade permitiu aos soldados a desconexão momentânea com a guerra e a volta à individualidade. Nesta situação os Ingleses e Franceses não demoraram em se unirem à festa e a poucos metros de distância, desde a trincheira Britânica os soldados responderam com canções de Natal próprias dos cânticos Alemães. Acabadas as toadas desejaram boas festas uns aos outros desde as suas trincheiras. Ao amanhecer, uns poucos soldados Alemães agitaram bandeiras brancas e saíram desarmados. Apesar das dúvidas dos outros soldados estes imitaram-nos e saíram das suas trincheiras para irem ao seu encontro. Inimigos que se estavam a matar uns dias dantes, compartilharam tabaco, álcool, salsichas ou chocolate, trocaram muitas lembranças e mostraram fotografias dos seus entes queridos. Os comandos desses batalhões decidiram por sua conta estabelecer uma trégua não oficial entre as diferentes facções em batalha. E durante a trégua enterraram-se conjuntamente os mortos de todos os batalhões e rezou-se em comum por eles. A trégua manteve-se durante todas as festas. A censura militar descobriu estes acontecimentos pelas cartas que os soldados escreviam às suas famílias que eram lidas antes do seu envio, e de imediato foram pedidas contas aos oficiais sobre o ocorrido. Os altos comandos consideraram a trégua como uma acção desleal que não se devia voltar a permitir e houve represálias contra os comandos e contra os soldados mais condescendentes com o inimigo. As unidades da trégua foram desmembradas e distribuídas em outras frentes. Os Franceses escarmentaram vários soldados como exemplo e os Alemães enviaram-nos para a frente Oriental onde a guerra era mais crua. O Daily Mirror publicou uma foto que conseguir iludir a censura na primeira página, mas as altas esferas políticas de Londres conseguiram que a notícia desaparecesse rapidamente, como se não tivesse sucedido.

Numa entrevista publicada em Maio de 2009, o ex - coronel Britânico Hollingworth respondeu a um jornalista do jornal a Vanguardia:

"Somos pessoas, e comprovei-o nas minhas missões e nos meus próprios grupos de mediação: quando duas pessoas de batalhões inimigos se conhecem e se tratam pelo e mostram fotos dos familiares e falam de futebol..., por amor de Deus,é impossível voltarem a disparar".

c) Europa, do berço de guerras a zona pacífica
Todas as gerações de Europeus Ocidentais nascidos após a Segunda Guerra Mundial não assistiram a nenhuma guerra na Europa. Mas se olharmos atrás na história do nosso continente esta paz é a excepção e não a regra. A antiga Europa foi sempre dominada por guerras inacabáveis, fratricidas e contínuas entre vizinhos. Os países Europeus têm estado marcados na sua história por lutas homicida, assassinas e criminosas que parecem estar escrita nos genes. As rivalidades entre os diferentes países Europeus quase conseguiram destruir o continente. Segundo

Mark Leonard (2005) só as duas guerras mundiais mataram 48 milhões de pessoas, 8 milhões morreram na primeira e 40 milhões na segunda.

As guerras sempre se fizeram desde acima e os soldados apenas foram a carne do canhão. Pertencia-lhe um grupo, e a assunção inata da hierarquia matou milhões de Europeus. Bastou que se constituísse um novo grupo que integrava todos os países Europeus para que a guerra que parecia incrustada nas ruas da velha Europa desaparecesse. Com a sua marcha apareceu a prosperidade, agora os Europeus seguem com as suas rivalidades nacionais mas pacificamente, que são o encanto e o motor de desenvolvimento do continente. Hoje em dia Todos somos membros de outro grupo maior chamado União Europeia, e os laços são tão íntimos e tão estreitos entre países, dirigentes e populações que seria inconcebível uma guerra como as tão comuns antigamente.

Talvez a globalização da Internet, que nos incorpora a todos num grupo único, traga consigo um período longo de paz e prosperidade.

Capítulo 15

Factor alfa: a religião

Os primatas têm também a sua parte boa apesar de este livro se centrar sobretudo no seu lado mais escuro. Sabe-se que os macacos e os chimpanzés cuidam dos seus feridos, protegem-nos e ajudam-nos até que se recomponham. Também há provas documentadas de indivíduos com grandes deficiências físicas que viveram muitos anos e, inclusive, tiveram descendência graças aos cuidados prestados pelo seu grupo. Os primatas são capazes de sentir empatia, de se identificarem com o estado mental de outro indivíduo e ajudá-lo. Para além disso os primatas podem prestar ajuda, sem expectativas de recompensa, a outros animais e a outros primatas incluindo aos humanos. O antepassado comum dos chimpanzés e dos humanos teria sido empático, com uma tendência natural a ajudar ao próximo, e quando a evolução os separou ambos mantiveram a empatia (Warneken e Tomasello, 2006).

Koenigs *et al.,* (2007) indicam que as acções altruístas activam uma parte primitiva do cérebro dentro do córtex pré-frontal. A parte ventromedial do córtex pré-frontal seria necessária para as emoções e os julgamentos morais. Os danos nesta zona relacionaram-se com comportamentos psicopatas.

Num editorial, em 2007, a revista Nature[22] escreveu que hoje é um facto incontestável que as mentes humanas, incluindo os aspectos do pensamento moral, são o produto da evolução a partir dos primatas anteriores.

Têm nos dito, por activa e por passiva, que as religiões eram necessárias para pôr um pouco de moralidade onde não a havia; mas a moralidade tem as suas raízes na biologia. Se dermos um passeio por uma biblioteca e repassarmos um pouco a história, observaremos que todas as religiões foram mais imorais que morais e usaram a violência e a morte com uma sanha sem igual.

15.1 Peões dos sacerdotes

As religiões, tal como os exércitos, precisam de formar grupos para poder exercitar livremente o seu poder. Se os exércitos escolhem soldados jovens, as religiões, mais astutas e mais pérfidas, doutrinam desde a infância para terem soldados totalmente aderidos. Sabendo que as crianças são os indivíduos mais frágeis e socialmente moldáveis, utilizam-nos pois sabem que uma criança instruída converte-se num adulto doutrinado. Uma vez imerso num grupo é muito difícil sair dele, para o fazer é necessário revelarmo-nos face a uma hierarquia claramente estabelecida e, portanto, é um processo longo e complicado.

As religiões estão conscientes da necessidade de ameaças, castigos e prémios imprescindíveis para unir o seu grupo, e para isso têm previsto todo um céu e um inferno muito bem equipado. Também cumprem com o requisito da subordinação: o escalão é claro e diáfano. Entre fiéis e sacerdotes há um abismo hierárquico. Da mesma maneira que nunca existiu um exército igualitário e sem comandos também não é possível uma religião sem hierarcas. As religiões aproveitam-se do clima de estabilidade criado meio à sua doutrinação grupal e, aproveitando o claríssimo poder da classe impõem a sua vontade e a sua lei. Desde o começo dos tempos criaram uma dominância sob medida, uma elite de comando supremo com imenso poder sobre as bases. Toda a casta sacerdotal está acima dos seus fiéis e acreditam ser superiores ao resto dos mortais. Tanto é assim que acham que os seus desejos são os desígnios dos deuses e que ,como talares, devem ser obedecidos sem possibilidade alguma de crítica ou de desobediência e quanto mais tempo estão no poder mais consideram que as suas ambições são as dos deuses.

Dentro deste poder claramente hierárquico os fiéis são só peões descartáveis, como as peças de um tabuleiro de xadrez. Alguns hierarquias são carinhosas e compreensivas com os seus fiéis, como qualquer um de nós pode ser com a sua mascote, nunca de igual a igual. Mas enganem-se ou não, os fiéis ocupam o último degrau hierárquico e para todos os comandos os seus subordinados merecem um tratamento conforme a sua posição na escala. O seu dever é a obediência, as suas ideias não só não importam como se consideram subversivas e impróprias, já existem comandos para certificar os julgamentos válidos. Assim qualquer fanático com poder será adorado como um ser sobressalente e superior, revestido de divindade, independentemente das suas características individuais.

Da mesma maneira que muitos poucos homens morreram no momento real da batalha pelo seu país, os seus ideais, os seus lares ou as suas famílias já mataram pelo seu grupo. Poucos crentes religiosos lutaram pelos dogmas e se morreram ou mataram fizeram-no por obedecer cegamente a uma doutrina ditada pelos seus pastores, sem importar se coincidia ou não com o dogma original. É muito difícil sair-se de um grupo religioso e mais ainda se fazemos parte dele desde crianças. Se desde tenra idade nos têm doutrinado sabiamente, romper a corda é algo complicado e requer muito tempo para amadurecer a ruptura. Para as religiões, as crianças são como cachorros jovens cachorros de que se podem treinar, instruir e dominar.

As religiões, com a sua hierarquia dominante, aproveitam-se desse factor alfa herdado dos nossos antepassados primatas para impor a sua vontade. Todos os religiosos impõem os seus interesses e se for necessário reescrevem os ditados dos seus deuses para os adequarem às suas necessidades mais mundanas. Se o sacerdote é hierarquicamente único, a sua palavra advém da de deus. Não é em vão interpretar a palavra de Deus, é a obrigação mais importante de qualquer hierarca religioso. Não inventaram nada novo, isto tem vindo a ser feito desde a mais remota antiguidade. Quando em 2.000 a.c. os sacerdotes do antigo Egipto tiravam, em procissão, a estátua de Amon e Deus falava, não é muito difícil imaginar que dizia o que eles queriam ouvir. Não disse Amon, através de um sacerdote, a Alexandre que Hefestión se tinha convertido num Deus ao que tinha que adorar. Consumido pela dor depois da perda do seu amado, Alexandre estava muito irascível nesses momentos, contrariá-lo podia ser perigoso. É quase certo que os sacerdotes do templo não queriam correr a mesma sorte que Glaucias, o médico crucificado.

Em conclusão, se é fiel de uma religião recorde que ocupa o nível hierárquico mais baixo. Não é livre, o seu dever é obedecer ao poder superior estabelecido. Um paroquiano ocupa a posição mais baixa, a mais prescindível de escala e qualquer escalão superior hierárquico acredita ter pleno direito a impor a sua vontade, só seguem a lei hierárquica.

15.2 A insignificância do dogma religioso.

Não é necessário ser o Papa em Roma para exercer um imenso poder sobre os fiéis, qualquer pastor o exerce sobre o seu rebanho. Quando obedecemos cegamente ao que nos diz um destes pastores, não estamos a actuar de forma individual como pessoas mas como parte de um grupo despersonalizado. Ainda que possa parecer que a acção é pessoal e individual, é só uma miragem, uma ilusão. Recordem que para haver um pastor é necessário que primeiro haja religião. O poder dos clérigos não reside no que representam, o seu poder está claramente unido à hierarquia grupal, unido portanto ao factor alfa que nos torna primitivos.

Durante toda a história da humanidade o poder que estes religiosos têm ostentado foi desproporcional à sua função ou à sua importância para a comunidade. O grupo ao que se dirigiam sempre assumia voluntariamente o papel de subordinado obediente. Acreditamos ingenuamente que a submissão está relacionada com o dogma religioso e que daí emana todo o poder dos seus representantes mas está interpretação é errada. Desde que o homem é homem os sacerdotes têm reinterpretado os textos sagrados segundo as suas necessidades *"ad eternum"*.

As religiões tiram proveito da capacidade humana de hierarquização grupal. No aspecto religioso somos como um rebanho de ovelhas seguindo o pastor por um desfiladeiro, se este decide despenhar-se todas irão detrás. Existe o convencimento de que nos guiámos pela fé. Mas a fé e a religião importam muito pouco. O que fazemos na realidade é seguirmos como cordeiros o pastor sem ver por onde e como nos guia, confiados, inocentes e ignorantes, é a sua função não a nossa. O factor alfa exerce este poder sobre todos os grupos humanos do planeta. Se na realidade o importante fosse a fé ou os textos as religiões, seriam tão eternos e imutáveis como possa chegar a ser a humanidade. A história demonstra-nos que um contra-poder alfa pode mudar e impor uma religião sem grandes contratempos.

O inventor do monoteísmo foi um faraó Egípcio que nasceu como Amenofis IV e que, por obra e graça do seu império, desejou suprimir uma religião politeísta de milhares de anos. Mudou o seu nome pelo de Akhenatón e o culto politeísta a vários deuses pelo culto monoteísta ao Sol, e até que outro faraó não restaurasse a religião anterior, centenas de milhares de Egípcios nasceram e morreram sob o domínio do Deus Atón. Segundo Jan Assamann (2003), Arthur Weigall estabeleceu um paralelismo entre o monoteísmo eEípcio de Akhenaton e o bíblico de Moisés. Segundo ele, o salmo 104 seria uma tradução hebraica do hino de Akhenaton. O nome do Deus único seria uma cópia, Aton para os egípcios e Adonai para os hebreus, e inclusive identifica Moisés com uma lembrança deslocado de Akhenaton, uma suposição que não é nova e que se vem estudando desde a antiguidade. Todos estes dados na realidade não importam, porque na fé o conteúdo religioso nunca importou. Não transformou Henrique VIII todos os Ingleses católicos fervorosos em protestantes? É verdade que fica sempre algum rebelde que resiste como Tomás Moro, mas será resistência individual em coerência com a teologia, ou grupal de eleição entre dois poderes alfa opostos, o rei ou o Papa? Não se converteu Constantinopla, apelidada a Nova Jerusalém baluarte do cristianismo antigo, cujo povo dizia ser o mais integro e profundamente Cristão do mundo, face ao Islão e se tornou Islâmica?

O filme "The Body" (O corpo) dirigido por Jonas McCord e protagonizado por António Bandeiras e Olivia Williams, entre outros conta-nos a história de uma escavação no centro de Jerusalém. Uma arqueóloga descobre uma tumba de um homem crucificado com o seu esqueleto e proclama-o "Rei dos Judeus". Tudo indica que pudesse ser Jesus. Conjectura-se que se a descoberta é verdadeira então o Cristianismo poderia desaparecer ao ser demonstrado ser mentira o seu preceito fundamental. Nada mais falso, inclusive ainda que fosse verdadeiro o facto é em si mesmo irrelevante, prelados há na Igreja para reinterpretar o credo. Não afirmava o antigo testamento que o Sol girava à volta da Terra? Tentou-se purgar a heresia com o fogo, mas como a verdade era inegável e consistente reinterpretou-se o texto e pronto. O mundo não tinha sido criado em seis dias, e Eva não tinha nascido de uma costela de Adão? Mas, se como vimos, a Eva Africana é anterior ao Adão e têm milhares de anos de diferença, como pôde nascer da sua costela? Assim poder-se-ia seguir indefinidamente.

Os Nossos antepassados primatas evoluíram dentro de uma hierarquia e este modelo hierárquico ficou gravado no nosso subconsciente. Quando os seres humanos se despersonalizam e fazem parte de um grupo, convertem-se num ente grupal de obediência hierarquizada. A religião, ao ser grupal, é hierárquica e deixa nas mãos dos seus mandatários o poder de comando com interpretação, reinterpretação e se necessário a re-escritura sem limites, e para os vassalos só deixa a possibilidade de acatar e obedecer. Tal é o poder implícito da hierarquia grupal que faz com que cada vez haja mais estudos científicos que negam ou questionam alguns dos factos religiosos dados como certos, nada parece mudar, nada parece mais imutável que a obediente base religiosa.

Ainda que a maioria dos cristãos pense que o cristianismo é uma religião nova e inovadora que veio completar um oco vazio dentro de um politeísmo selvagem. A história conta uma realidade muito diferente. Segundo Assamann (2003) os politeísmos foram mais democráticos que qualquer monoteísmo posterior. As religiões politeístas superaram o etnocentrismo primitivo. O Deus Sol de uma religião podia ser facilmente equiparado ao Deus Sol de outra e, apesar de nomes diferentes para ambos os povos, era o mesmo Deus. Apesar de que cada povo venerava os seus diferentes deuses, ninguém discutia a realidade dos deuses estrangeiros e a legitimidade dos cultos alheios. No mundo politeísta não existia esta distinção. Para Assamann (2003) os monoteísmos, inventados por Akenaton, supuseram uma ditadura na ordem religiosa antes existente onde deixou de funcionar a tradução cultural para dar passo à alienação intercultural. O Deus monoteísta era único e culturalmente específico, os deuses falsos não eram traduzíveis e deviam ser condenados como heresias pagãs e tudo o que não tivesse que ver com o Deus único era desprezado e devia ser erradicado como idólatra, pagãos e hereges.

Segundo Acharya (2005) o homem adorou o sol desde há mais de 10.000 anos e nesta adoração ao Sol incluíam-se as estrelas. O símbolo religioso da cruz está relacionado com o zodíaco e é anterior, em milhares de anos, a Jesús. A cruz reflecte como o sol passa figurativamente através das doze constelações zodíacas no decorrer de um ano.

Para os egípcios da antiguidade, há aproximadamente o 3.000 a de C. Horus era o Deus Sol personificado. Os cultos a Horus, Osiris, Serapis e ao faraó do antigo Egipto apresentam tantas similitudes com a história de Jesus Cristo que os historiadores Llogari Pujol e Claude-Brigitte Cardenac (2001), das universidades de Estrasburgo e de Sorbona, escreveram um livro baseando-se na tradução de antigos textos Egípcios intitulado "Jesús nasceu 3.000 anos antes de Cristo". Para estes autores os evangelistas copiavam textos egípcios quando escreveram a história de Jesus. Um texto Egípcio escrito em demótico no ano 550 a.c., "El cuento de Satmi", relata o seguinte:

"A sombra de Deus apareceu a Mahitusket e anunciou-lhe: terás um filho e chamar-se-á Si-Osiris".

Este Deus nasceu no dia 25 de Dezembro da virgem Isis que é advertida para que esconda a seu filho no profundo Egipto para o salvar. Seth quer matar o bebé Horus e sua mãe, Isis, foge com ele. O seu nascimento foi acompanhado por uma estrela no céu. Foi adorado por três reis, que lhe levaram as emanações e eflúvios do Deus Ra:

"Ouro a carne do Deus, incenso o seu perfume e mirra a sua germinação [representação do nascimento na brotação da mirra]".

Aos 30 anos foi baptizado por Anup o batista. Teve 12 discípulos que viajaram com ele, fez milagres como curar doentes e caminhar sobre as águas. A tumba Egípcia de Paheri (1.500 a.C.): encena a conversão de 6 jarras de água em vinho pelo Faraó. O Deus Osiris, ao morrer todos os anos, permitia aos Egípcios alimentarem-se do seu corpo, o pão, e dá a beber num copo o seu sangue, o vinho, a Ísis , para que ela se recorde de si depois da sua morte. Para além disso tinha muitos outros nomes como "Deus da verdade", "a luz", "o filho de Deus", "o bom pastor", "a ovelha de Deus", disse-lhe "o pescador" e representa-se por um peixe e, finalmente, após ser traído por Tifón , Horus foi crucificado, enterrado e ressuscitou ao 3º dia.

Numa uma entrevista ao jornal a Vanguardia, para publicitar o seu livro, Lloragi Pujol[21] responde ao jornalista:

"3.000 anos a.C., o faraó era considerado filho de Deus: como Jesus. O faraó era ao mesmo tempo humano e divino: como Jesus. A sua concepção foi anunciada à mãe: como a de Jesus. O faraó mediava entre Deus e os homens: como logo Jesus... O faraó ressuscita: como Jesus. O faraó ascende aos céus: como Jesus".

Na citação o autor contínua a proporcionado dados a respeito como se o nosso pai foose na realidade uma cópia da " oração do cego", um texto egípcio do ano 1000 a.C. O autor sustenta a tese de que os Evangelhos foram escritos por eruditos sacerdotes Judeus-Egípcios do templo de Serapis em Sakkara (Egipto) que traduziram palavra por palavra vários textos egípcios.

Ademais, segundo relatou Tito Lívio, um famoso historiador nascido no Império Romano, no século I d.C., o cristianismo não era o único monoteísmo que procurava adeptos nessa altura. Durante este século e em séculos anteriores importaram-se deuses faraós ao Império Romano. Entre as novas religiões monoteístas importadas estavam o judaísmo, o Mandeísmo, religião gnóstica que reverenciava João Batista em vez da Jesus, o Maniqueísmo, religião dualista que crê na coexistência do bem e o do mal e por ultimo citaremos o Mitraísmo. O Mitraísmo era uma religião monoteísta que adorava Mitra. Desenvolveu-se sobretudo entre os soldados do Império Romano. Sabe-se que era uma religião de origem persa, que foi adoptada pelos Romanos no ano 62 aC. Foi a mais popular entre as religiões de mistério e no início foi apoiada por alguns imperadores romanos até que o imperador Teodósio (poder alfa) a proibiu.

Para Acharya (2005) o Cristianismo não só se viu influenciado pelos deuses do antigo Egípcio mas também por outros deuses solares adorados no império Romano tais como Attis de Frigia (204 a. de C.) que nasceu de da virgem Nana a 25 de Dezembro, foi crucificado, enterrado e ao terceiro dia ressuscitou. Krishná (3000 a. de C.) que nasceu da virgem Devaki com a estrela do este apontando a sua chegada, realizou milagres com os seus discípulos e quando morreu ressuscitou. Dioniso (500 a. de C.) nascido a 25 de Dezembro de uma mulher mortal virgem chamada Sémele e do Deus Zeus. Ademais era um maestro nómada que fazia milagres como converter a água em vinho e foi chamado de "rei dos reis" e ressuscitou após a sua morte. O Deus Mitra (300 a.C.) nasceu de uma virgem no dia 25 de Dezembro, teve 12 discípulos, fez milagres, quando morreu foi enterrado por três dias e ressuscitado, também foi referido como a verdade, a luz, entre outros. Tinha num dia sagrado que se celebrava ao Domingo, o dia do Senhor. A sua festividade principal era a Páscoa da ressurreição. Tinha uma eucaristia ou jantar do senhor onde o Deus Mitra disse:

"Quem não comer do meu corpo e não beber do meu sangue, tornando-se um comigo e eu com ele não se salva".

Ainda que a maioria dos cristãos actuais não tenha ouvido falar das religiões pagãs anteriores ao Cristianismo, os primeiros cristãos conheciam-nas e conheciam as semelhanças entre Jesus e os outros deuses pagãos, ainda que não lhes parecesse importar. Conta Acharya (2005) que Justino Mártir, um dos primeiros historiadores do Cristianismo que viveu no século II d.C., escreveu nos seus livros de Apologias:

"Quando dizemos que Jesus Cristo, nosso mestre, foi concebido sem união sexual, foi crucificado, morreu e se levantou, ascendeu ao céu, não propomos nada diferente ao que crêem os que estimam os filhos de Júpiter".

Para Justino Mártir estas semelhanças têm uma explicação: são devidas à acção do diabo que teve a previsão de vir antes de Cristo e de copiar o futuro nas religiões do mundo pagão. A primeira máquina do tempo tê-la-ia construído o diabo para antecipar o futuro no passado. Ainda bem que este Santo homem se apercebeu e o esclareceu! Definitivamente para os primeiros Cristãos do século II da nossa era, que conviveram com as religiões pagãs, bem mais antigas. Os conceitos similares aos do Cristianismo são antecipações do diabo que, viajando no tempo, teria antecipado a chegada de Jesus. Os primeiros Cristãos resumiam-no na frase: "o diabo fê-lo".Com certeza que a máquina se estragou já que ao que parece ele não voltou a viajar.

15. 3 Credo por poderes
Ensinaram-me que o Cristianismo era a resposta rápida e lógica aos ensinos de Jesus. Enganaram-me, o Cristianismo demorou vários séculos a dominar toda a cena religiosa. Conviveu com outras religiões e só se impôs quando teve o apoio do imperador Constantino. No momento em que o imperador Constantino conseguiu reunificar o antigo império Romano depois de derrotar o imperador Licínio converteu-se no único poder do império. O imperador, anti-pagão, mudou-se para Bizancio, na actual Turquia, fugindo à zona mais Cristã do império temeroso da poderosa influência que as famílias nobres de religiões pagãs tinham em Roma. Constantino proclamou, num edito,o Cristianismo como religião despenalizada no império, e imediatamente após ter sido legalizado os Cristãos atacaram os cultos pagãos com uma sanha que só os monoteísmos são capazes. E com este edito finalizou a tolerância religiosa, a partir de então todas as religiões não Cristãs começariam a ser perseguidas. Para o imperador o Cristianismo era a culminação do processo de reunificação do império com uma só lei, uma só religião e um homem por enzima de ambas, ele. Todos os concílios que unificaram o Cristianismo submeteram-se às suas directrizes.

Em 315 d.C. as hordas cristãs guiadas pelos seus pastores, cumprindo a lei de Deus que diz "ama o próximo como a ti mesmo", destruíram os templos pagãos e mataram os seus sacerdotes e todos os fiéis que conseguiram apanhar. Em Dydima roubaram o oráculo do Deus Apolo e torturaram até à morte os seus sacerdotes.

Um poder alfa impôs uma religião. A actual Istambul, região mais Cristã no tempo de Constantino, é hoje Islâmica. Com o passar dos séculos o Cristianismo como única religião tornar-se-ia toda poderosa e conseguiria introduzir a Cristandade na pior contra-revolução da história, a Idade Média.

A nova religião oficial ainda precisou de mais umas poucas gerações para poder doutrinar quase todas as crianças e criar um grupo muito unido para impor a sua hierarquia totalitária. Na realidade só se tratava de domínio e poder sobre um amplo grupo. Quando o poder hierárquico se concentrou nos representantes de uma única religião já não existiam limites ao seu poder omnipresente, cobiçoso e divino. O poder compartilhado com outras religiões tinha apaziguado durante décadas a fera adormecida. A cobiça pela autoridade e jurisdição sobre milhões de files acordou da sua letargia. Em quando se viram apropriados de tudo, de gozar do domínio supremo, comportaram-se com mais sanha e malícia assassina que Yeroen e Nikkie os chimpanzés do zoológico de Arnhem que mataram Luit. A lei: "Amarás o próximo como a ti mesmo" transformou-se numa nova lei: "Obriga o próximo a amar-te como te amas a ti mesmo".

15.4 A moral dos fiéis é assunto das hierarquias, a dos hierarcas é assunto próprio

Uma vez alcançados os meles do poder e ,para além disso, de um poder hierárquico total e único. Os mesmos sacerdotes que controlavam minuciosamente e com lupa a moral Cristã dos seus fiéis eram imunes à moral que tanto exigiam. E quanto maior a classe maior a imoralidade permitida; Papas indecentes que desprezaram a vida de centenas ou milhares de pessoas, a grande maioria.

Fernando Vallejo (2007) no seu livro *La puta de Babilonia* arremete contra a hierarquia da Igreja Católica, em concreto contra os seus Papas. Vou transcrever algumas das vidas dos Papas relatados no livro. Inocêncio IV na sua bula *Ad extirpanda* incitou a inquisição a usar a tortura para conseguir confissões nos processos de heresias. Outra bula a *Summis desiderantesn affectibus,* escrita por Inocêncio VIII, incitou a feroz perseguição das mulheres acusadas de serem bruxas e, como se isso fosse pouco, patrocinou Torquemada, o primeiro e mais cruel dos inquisidores Espanhóis. O Papa Juan XII costumava arrancar os olhos aos seus inimigos e metade dos homens de Roma passaram pela sua espada. Ademais ordenou Bispo a um menino de 10 anos, mandou castrar um cardeal, fugiu de Roma roubando São Pedro e morreu assassinado por um marido que o surpreendeu na cama com a sua mulher. O Papa Juan X nomeou Arcebispo Reims um menino de 5 anos, filho de um conde. O Papa Juan XIX sucedeu ao seu irmão, o Papa Benedicto VIII e o Papa Pablo I ao seu irmão, o Papa Esteban III. O Papa Bonifácio VII estrangulou o Papa Benedicto VI e envenenou o Papa Juan XIV. O Papa Sérgio III envenenou o seu antecessor, o Papa León V. Segundo Vallejo Papas assassinos e genocidas era o que se queria, mas papicidas não havia nenhum pois quando cometeram o crime ainda não eram Papas. Declararam o Papa Adriano III Santo apesar de ter mandado açoitar nu pelas ruas de Roma uma nobre dama e arrancou os olhos a um alto oficial do palácio Laterano. Os Papas são eleitos num conclave pelo resto dos cardeais e sob os auspícios do Espírito Santo mas houve um conjunto de Papas que reinaram menos de um mês. O Papa Teodósio II morreu de forma suspeita passados 20 dias, o Papa Dâmaso II morreu passados vinte e três dias de Malária ou envenenado, o Papa Pío III morreu passados 17 dias e por aí em diante até um total de 10 do conjunto dos 263 Papas. E examinando os Papas mais próximos da história encontramos Pío XII, ele que encobria Franco e Hitler. O Papa Juan Pablo II, nos seus últimos tempos, aferrava-se à cadeira do poder de tal maneira que os pesquisadores de colas queriam descobrir a fórmula.

15.5 Pôr uma raposa a tomar conta do galinheiro

Quando um fiel se une a uma congregação não importa qual é a religião, se é monoteísta ou politeísta, converte-se em vítima do seu próprio destino. É como uma ovelha que se une a um rebanho que vai ao matadouro, vai com todas e onde todas ,obedientes, o pastor as leva.

Os representantes de todas as religiões aproveitam-se da influência que o factor alfa exerce sobre nós. Não acho que exista nenhum Deus, mas se ele existisse nenhum sacerdote ou pastor teria mais conhecimentos sobre ele do que qualquer outro mortal. Karl Marx disse que a religião era o ópio do povo e acertou, ainda que no resto tenha errado.

A religião é a droga que despersonaliza o grupo e o pastor é o hierarca que devém em macho alfa e que, como tal, tem poder quase total sobre os seus fiéis. Todos aqueles indivíduos unidos a um grupo religioso têm de recordar que são obedientes submissos devido a uma influência hierárquica herdada e que para os seus "patrões" todos eles são peões prescindíveis. Recordem o que aconteceu aos cátaros. Em 1208 o Papa Inocêncio III chamou todos os cristãos para lutarem numa cruzada contra os albigenses ou cátaros, aos que considerava hereges. A 21 de Julho de 1209 os cruzados sitiaram a cidade de Béziers, habitada por Católicos obedientes ao Papa misturados com cátaros. Os cruzados perguntaram ao legado papal, Arnaldo Amalric, como distinguir os Cristãos fiéis a Roma dos cátaros, ao que a besta sangrenta respondeu:

"Matai-os a todos! Que Deus reconhecerá os seus!"

Por esta brilhante acção foi recompensado com o Arcebispado de Narbona. E o chefe dos cruzados, Simón de Monfort, seguindo a sua doutrina entrou em Bézier com a ordem : "Matai-os a todos e que Deus distinga os seus", e assim o fizeram.

Temos tendência a pensar que como chefes de grupo os religiosos têm uma moralidade maior e melhor que a nossa, mais de acordo com o que diz a religião. Mas a realidade ensina-nos diariamente o contrário. Basta estudar a história de qualquer zona do mundo para comprová-lo. Desde o mesmo instante em que a pessoa, fêmea ou macho, se galga em representante de uma religião, converte-se num poder alfa que está acima dos seus súbitos e ao pouco tempo os seus desejos pessoais convertem-se nos de Deus, pois o poder corrompe. Basta observar a obstinação da igreja Católica com o sexo e os preservativos. Em Março de 2009 o Papa Benedito XVI disse aos jornalistas numa entrevista:

"O problema, da SIDA, não pode ser resolvido com a distribuição de preservativos. Isso só aumenta o problema".

Estas palavras ditas por um político poderiam passar despercebidas, mas pronunciadas pelo máximo representante da Igreja Católica pode implicar milhões de novos infectados com SIDA e centenas de milhares de mortes. O problema é tão grave que uma semana depois a revista Britânica "The Lancet" escreveu uma nota editorial que dizia que o Papa tinha distorcido publicamente a evidência científica com o fim de promover a doutrina Católica sobre este assunto. Para os fiéis Católicos a importância do Papa é vital na sua hierarquia. Segundo a doutrina da Igreja Católica Apostólica e Romana, o verdadeiro eleitor do Papa nos conclaves é o Espírito Santo. Ainda que seguindo de perto o papado actual e alguns dos seus predecessores, só nos cabe pensar que nesse dia o famoso eleitor estava desaparecido ou parafraseando Fernando Vallejo, comendo trigo. Segundo a doutrina católica o Papa é o representante de Cristo na terra. E em todas as suas acções é assistido pelo Espírito Santo e, segundo o concilio Vaticano I, é infalível na doutrina da fé. Quando o Papa diz que o preservativo não ajuda a prevenir a SIDA está a condenar à doença e à morte quase segura milhões de católicos por todo mundo. E devido aos desmentidos dos cientistas e à ciência médica em geral, muitos Cristãos vão continuar a confiar nas palavras do seu vigário. Mas o homem que ocupa o papado não tem nenhuma formação médica. Porque é que tantos milhares ou milhões de pessoas, em África e no Mundo inteiro, estão dispostas a contrair uma doença como o SIDA pelas recomendações de alguém que não sabe cientificamente nada da doença? A resposta é que o ultraconservador Ratzinger não se dirige às pessoas individuais como tais, dirige-se ao grupo católico. A pessoa individual deixa de ter relevância e despersonaliza-se no obediente grupo católico, por sorte cada vez mais desagrupado e desobediente.

Não pensem que é exclusivo da religião católica, todas são irmãs em maldade e corrupção hierárquica. O diário "El país", do dia 31 de Março de 2009, publicava um artigo sobre o papel dos rabinos no exército de Israel durante a última guerra em Gaza, intitulado "ardor religioso no exército de Israel":

"Os rabinos acompanharam os soldados no campo de batalha. Difundiram panfletos nos que convenciam a "não ter

190

piedade do inimigo". "Estamos a ser muito violentos", advertiram comandos castrenses em plena operação. Os chefes religiosos dirigiam-se primordialmente aos militares laicos. Queriam difundir a ideia de que se tratava de uma missão religiosa. Normalmente, uma operação militar é um acto racional. Eles querem teologizar-la, sustenta o experiente Yagil Levy.

A enorme potência de fogo desatada na faixa pelo Exército Israelita -empregou uma política muito liberal, muito flexível à hora de usar a força. Nem sempre o termo liberal é positivo, sorri o professor - respondeu também a outros factores."

Também e segundo o mesmo jornal de 28 de Março de 2009, os terroristas suicidas islâmicos tiraram cerca de 1.600 vidas no Paquistão desde Julho de 2007. O último atentado suicida foi contra uma mesquita do noroeste de Paquistão onde morreram pelo menos 37 pessoas e muitos dos seus 300 fiéis ficaram feridos ao terem caído os dois andares do edifício sobre os fiéis que assistiam à missa de Sexta-feira. Se se escrever no motor de busca Google "ataques suicidas" aparecem 565.000 entradas, se se escrever em Inglês "islamic suicide" o número aumenta até 5.580.000, o que dá uma ideia do problema. Chamou-me a atenção um artigo de Angel Paredes na revista online no solo sol , baseado num extracto de imprensa de uma agência Israelita. Segundo este articulista o juiz do Tribunal Rabínico de Jerusalém, teria autorizado a colocação de carteiras com gordura de porco em autocarros e lugares públicos com o fim de evitar os ataques suicidas de Islamistas, pois segundo a religião Islâmica, se um homem tem contacto com um porco antes da sua morte não poderá entrar ao paraíso. O autor do artigo continua:

"Acho que é uma das notícias mais absurdas que li em anos. E é-o porque não só a notícia e o plano são absurdas mas porque a própria realidade é tão estrambótica que poderia ter sucesso. Afinal de contas, os suicidas Islâmicos acham que depois de seu sacrifício pela causa do Islão irão directamente ao Paraíso, onde muitos huris os servirão. Para além disso o seu prestígio social e o das suas famílias aumenta muito e estas costumam receber apoio económico e protecção de Hamas e similares. Tirando-lhes a esperança do Paraíso eterno, depois de sua morte, poderão convencer novos mártires a imolarem-se Todas as religiões chegam a um ponto em que as suas convicções e dogmas chocam com as suas necessidades políticas ou religiosas. Normalmente isto faz com que o dogma se suprime e onde disse digo Diego como fez o cristianismo ao apoiar as guerras ("homem, quando Jesús disse que um cristão devia dar a outra bochecha também não o dizia em sentido amplo!) ou ao constituir uma igreja e amassar riqueza.

Na verdade já alguém pensou que os Muçulmanos não terroristas também podem tocar nessa essa gordura e depois morrer num atentado ou em acidente?

15.6 Contra a doutrina. Pela protecção da infância

Nenhuma religião pode ser boa quando para ser implementada precisa da hierarquia grupal. Mas já que o indivíduo é livre de escolher, não há nada que objectar a esse respeito pois um indivíduo maior de idade escolher ser de uma determinada religião é um acto livre em nada reprovável. Mas os pais e os estados estão obrigados a proteger as crianças da doutrina forçada à que são submetidos desde a sua nascença. Se esse indivíduo quer ser de determinada religião, quando for maior de idade, não há nada que objectar. Manipular as mentes infantis para escraviza-las para que façam parte de um grupo religioso determinado que não escolheram deveria ser proibido e castigado.

Segundo Leonard (2005) a estratégia política dos Jesuítas é mudar um país desde os seus alicerces para tê-lo cativo toda a vida. Se todas as governações Ocidentais democráticos proíbem a doutrinação de meninos por ideologias totalitárias, porque é que consentem e pagam a religiosa? A escravatura foi abolida há duzentos anos, mas parece que não se aperceberam e permitem oprimir, submeter, subjugar, dominar, avassalar, tiranizar, aprisionar e encadear os bebés inocentes e indefesos. Porque é que os adultos podem converter as crianças em escravos de maneira voluntária? Porque é que se pode obrigar um menino que não pode escolher a escravatura desde o berço?

A igreja tende a manifestar-se publicamente contra tudo o que ataque os seus princípios morais. Para os bispos há que defender o povo da grande heresia, mas quando se trata de

192

defender as crianças de curas doentes e corruptas as coisas mudam. O problema da pedofilia ou do abuso sexual de crianças por religiosos é um enorme problema que a Igreja Católica tem que enfrentar. O dano que alguns sacerdotes provocam nestas crianças é uma verdadeira heresia e, no entanto, nenhum bispo sai em defesa dos inocentes é mais alguns pesquisadores os acusam de obstrução à justiça e de encobrir aos responsáveis dos factos. No dia 17 de Junho de 2003 o BBC Mundo[25] informou que Frank Keating, presidente do Comité Nacional de Revisão, a comissão que examinava as denúncias sobre abuso sexual cometidos por sacerdotes da Igreja Católica nos Estados Unidos, demitiu-se após acusar os bispos de bloquearem a sua investigação e se comportarem como a máfia. Ao que parece, numa entrevista nos Angeles Times teria sido dito relativamente aos bispos:

"Comportarem-se como "Cosa Nostra"a e ocultar e calarem-se, eu acho que é malsão"

Keating, ex-governador do estado de Oklahoma (USA), foi escolhido para esta tarefa por ser Católico praticante, pelo que não pode ser acusado de ser anti religioso. Sob a sua liderança o comité enviou um questionário aos bispos de todo o país. Das 195 dioceses só 65 responderam, as restantes não se deram por inteiradas e alguns bispos ter-se-iam comportado, segundo ele, como membros de uma organização criminosa. Na sua carta de renúncia ao posto Frank Keating escreveu:

"Os meus comentários, que ofenderam alguns bispos, eram mortalmente precisos. Não me desculpo de jeito nenhum"
" Resistir a responder as citações de um júri de acusação, o ocultar os nomes dos clérigos ofensores, negar, ofuscar, confundir; é o modelo de uma organização criminosa, não da minha igreja"

Recentemente na Quinta-feira, dia 25 de Maio de 2009 o diário ABC[26] informava:

"Uma investigação com vários anos sobre abusos e maltratos a menores em instituições da Igreja Católica na Irlanda entre os anos trinta e oitenta revelou que os abusos sexuais eram «endémicos», bem como o maltrato físico e emocional, além do abandono em que se encontravam os meninos. Segundo o relatório publicado ontem, elaborado por uma comissão que ao longo de nove anos recolheu os depoimentos de numerosas vítimas, os colégios funcionavam com normas muito estritas nas que se impunha uma «disciplina pouco razoável e opressiva sobre os meninos e inclusive sobre as pessoas".

Os religiosos precisam de doutrinar as crianças para manterem a sua autoridade e a sua religião activa, se não o fizessem o seu imenso poderia desapareceria ou pelo menos diminuiria. Os pais e os estados deveriam analisar objectivamente o assunto para ver até que ponto se estão a vulnerar os direitos da criança. Uma criança doutrinada numa religião não é livre, perde a sua capacidade de eleição e acaba convertendo-se num escravo da mesma.

Todos as crianças educadas num credo são mais integristas nos temas morais e doutrinais do seu credo que o resto. Uma notícia que apareceu no diário Clarín[27] ,em 2005, descrevia os Madraçais como os centros de formação de novos terroristas:

"Os Britânicos põem em foco o Paquistão como sendo a principal central geradora das ideologias Ultra-Islámicas que lavam o cérebro dos jovens nas já famosas Madaçais, escolas Coránicas, e produzem terroristas em massa dispostos ao suicídio.

E ademais, por motivos religiosos, em determinados casos podem ser privados da educação científica correcta. Em Fevereiro de 2009 o BBC Mundo[28] informou:

"Os criacionistas estão a ganhar terreno na Grã-Bretanha. Isto foi importado dos Estados Unidos, não só o criacionistas Cristãos, mas também os Muçulmanos"

"David Odulate é professor de química na Mustard School de Londres. Ele assinalou à BBC Mundo que nós ensinámos na escola que Deus criou o mundo em seis dias e no sétimo descansou.?"

A religião não pode estar dentro das escolas. As crianças têm de ser educadas, não doutrinados. Quando são maiores de idade então poderão decidir qual a religião que querem seguir, ou se não querem seguir nenhuma. Não faz sentido que o estado pague colégios religiosos para doutrinar e escravizar as suas crianças. A doutrinação de crianças é uma escravatura religiosa que não deveria ter permitida em pleno século XXI. Um adulto pode pensar o que quiser mas obrigar ou instruir um menino para que pense como ele, não faz sentido.

A Convenção Internacional sobre os Direitos da Criança, de 1989, estabelece que um dos direitos que todas as crianças têm é:

"O direito a receber uma educação que nos permita crescer em igualdade de condições e ter as mesmas oportunidades".

Finalmente há que perguntar se uma criança educada sob os dogmas estreitos de uma religião está a ser educado em igualdade de condições e oportunidades que as outros crianças ou se lhes está a ser limitada sua liberdade de eleição futura.

Bibliografía

- Acharya S. (2005) La conspiración de Cristo.La mayor ficción de la historia. Madrid. Editorial Valdemar.
- Ainsworth M. (1969). Object relations and attachment theoretical review of the infant-mother relationship. Child Development, *41* (4), 929-1025.
- American Academy of Pediatrics (2002). Coparent or Second-Parent Adoption by Same-Sex Parents. Pediatrics: 109 (2).
- Amezcua-Membrilla JA., Pichardo-Martínez MC. (2000) Diferencias de género en autoconcepto en sujetos adolescentes. Anales de psicología. 16(2): 207-214
- Assmann J. (2003) Moisés el egipcio. Madrid. Editorial Oberon
- Bader A.P., Phillips RD. (2002). Father's recognition of their newborns by visual-facial and olfatory cues. Psychology of Men and Masculinity. 3: (2), 79-84.
- Bailey JM., Pillard RC. (1991) A Genetic Study of Male Sexual Orientation Archives of General Psychiatry. 48:1089-1096
- Barney DD. (2003) Health risk-factors for gay American Indian and Alaska Native adolescent males. Journal of Homosexuality 46:137-157.
- Bartollas C. (2000). Juvenile Delinquency, Needham Heights. 5ª ed. Allyn and Bacon.
- Berman S. (2002) Prefacio, en Schneider V. (2002) Masaje infantil. Barcelona, Médici, XXVIIXXVIII
- Blázquez JM. (2006) Conductas sexuales y grupos sociales marginados en la poesía de Marcial y Juvenal.
  Web: http://www.cervantesvirtual.com/servlet/SirveObras/.
- Bogin B., Smith BH. (1996) Evolution of the human life cycle. en American Journal of Human Biology 8: 703-716
- Boswell J. (1993) Cristianismo, Tolerancia sexual y Homosexualidad. Barcelona. Muchnick editores S.A.
- Bowlby J. (1958). Child care and the growth of love. Harmondsworth, UK: Penguin Books.
- Branden N. (1995). Los seis pilares de la autoestima. Barcelona. Editorial Paidós
- Brennan A.; Ayers S.; Ahmed H.; Marshall-Lucette S. (2007) A critical

review of the Couvade syndrome: the pregnant male. Journal of Reproductive and Infant Psychology. 25 (3): 173 - 189

- Brier B. (2008) Los misterios del antiguo Egipto. Barcelona Robinbook.
- Brizendine L. (2007) El cerebro femenino. Barcelona RBA editores.
- Bromage TG., Dean MC. (1985) Re-evaluation of the age at death of immature fossil. Nature 317: 525-527
- Browning K., Huizinga D., Loeber R., Thornberry TP. (1999). Causes and Correlates of Delinquency Program. Washington DC en *Fact Sheet*, April, # 100, OJJDP.
- Browning K., Thornberry TP., Porter PK. (1999). Highlights of Findings from the Rochester Youth Development Study. Washington DC. Fact Sheet, April, # 103, OJJDP,
- Cann RL., Stoneking M., Wilson AC. (1987) Mitochondrial DNA and Human Evolution. Nature, 325:31-36.
- Canto Ortiz JM., Moral Toranzo F (2005) El si mismo desde la teoría de la identidad social. Escritos de psicología 7: 59-70.
- Carlson NR. (2006) Fisiología de la conducta Madrid Pearson Educacion
- Carmichael MS, Warburton VL, Dixen J, Davidson JM. (1994) Relationships among cardiovascular, muscular, and oxytocin responses during human sexual activity. Archives of Sexual Behavior. 23:59-79.
- Cawthon Lang KA. (2005). Primate Factsheets: Bonobo (Pan paniscus) Taxonomy, Morphology, & Ecology. http://pin.primate.wisc.edu/factsheets/entry/bonobo
- Chagnon NA. (1968) yanomamo, The fiierce people New York, Holt, Rinehart and Winston
- Chevalier-Skolnikoff S. (1974) Male-female, female-female, and male-male sexual behavior in the stumptail monkey, whith special attention to the female orgasm», Archives of Sexual Behavior. 3: 95-116.
- de Lewis T., Amini F., Lannon R. (2001) Una teoría general del amor. Barcelona RBA libros.
- de Waal FBM. (1993) La política de los chimpancés. Madrid Alianza editorial.
- de Waal FBM. (1995) Bonobo sex and society. The behaviour of a close relative challenges assumptions about male supremacy in human evolution. Scientific American 82-88
- de Waal FBM.(2007) El mono que llevamos dentro. Barcelona Editorial Tusquets.
- di Domenico R (2006) Familias separadas y apego. Psicología. Segunda Época Volumen XXV Número 2
- Dickinson J., Koenig W. (2003) Desperately seeking similarity. Science 300 (5627):1887-1890.
- Dover KJ. (2008) Homosesualidad griega Barcelona Editorial el Cobre
- Dyer G. (2007) Guerra desde nuestro pasado prehistórico hasta el presente. Barcelona Editorial BELACQVA.
- Egeland B, Kreutzer T.(1991) A longitudinal study of the effects of maternal stress and protective factors on the development of high risk children. In: Green AL, Cummings EM, Karraker KH,editors. Life-span developmental psychology: perspectives on stress and coping. Hillsdale,

NJ: Erlbaum

- Elliot DS., Huizinga D., Agenton SS. (1985). Explaining Delinquency and Drug Use. Beverly Hills. Sage Publications.
- Elzo J. (1998). Evaluación de la realidad sociológica del adolescente en nuestro país. Intervención Psicológica en la Adolescencia. Libro de Ponencias del VIII Congreso INFAD. Pamplona: Universidad Pública de Navarra.
- Eric Marcus (2001) ¿Se elige? New York. Randon House Español
- Erickson MF., Sroufe LA., Egeland B. (1985) The relation between quality of attachment and behavior problems in preschool in a high risk sample. Monographs of the Society for Research in Child Development.50:147-66.
- Erwin K. (1993) Interpreting the evidence: competing paradigms and the emergence of lesbian and gay suicide as a "social fact". International Journal of Health Services 23:437-453
- Febo M, Numan M., Ferris CF. (2005) Functional Magnetic Resonance Imaging Shows Oxytocin Activates Brain Regions Associated with Mother–Pup Bonding during Suckling. The Journal of Neuroscience. 25(50):11637-11644
- Ferris CF., Kulkarni P., Sullivan JM., Jr, Harder JA., Messenger TL., Febo M. (2005) Pup suckling is more rewarding than cocaine: evidence from functional magnetic resonance imaging and three-dimensional computational analysis. The Journal of Neuroscience.25:149–156.
- Field T. (1995) Massage therapy for infants and children. Journal of Development and Behavioral Pediatrics. 16: 2.
- Fisher E. (2000) Primer sexo. Madrid. Taurus Ediciones
- Fittinghoff NA., Lindburg DG., Gomber J., Mitchell G. (1974) Consistency and variability in the behavior of mature, isolation-reared, male rhesus macaques. Primates. 15:111-139.
- Fonagy P., Gergely G., Jurist EL., Target M. (2002) Affect regulation, mentalization, and the development of the self. New York. Other Press.
- Fonagy P., Higgit, A. (1985). Personality Theory and Clinical Practice. Londres. Methuen.
- Fossey D. (1985) Gorilas en la niebla. Barcelona Salvat editores.
- Foucault M. (1986) Historia de la Sexualidad. México DF. Siglo XXI Editores
- Fuentes P., Carceles G., Andres R., Clúa I., Aliaga JV., Alcaide P. (1999) HOMO, toda la historia. Imperio Romano. Editorial Bauprés
- Ghiglieri MP. (2005) El lado oscuro del hombre. Barcelona Editorial Tusquets
- Golderg N. (2006). La masturbacion femenina. Spun Gold TV, Channel 4. Odisea. Reino Unido.
- Goldfoot DA., Westerborg-van Loon H., W. Groeneveld W., Slob A.K. (1980) Behavioral and physiological evidence of sexual climax in the female stump-tailed macaque *(Macaca arctoides)* Science 208: 1477-1479.
- Goodall J. (1994) A Través de la Ventana: Treinta años estudiando a los chimpancés. Barcelona Editorial Salvat-Ciencia.
- Gramzow RH. (2002) Pánico a los gays. Un estudio demuestra que es real. Revista Imperio G Magazine, Año II N° 14.

199

- Granados-Cosme J., Delgado-Sánchez G. (2008) Identidad y riesgos para la salud mental de jóvenes gays en México: recreando la experiencia homosexual. Cuadernos de Saúde Pública 24 (5): 1042-1050.
- Greenspan RJ. *(*1995*)*. Genética del comportamiento. Investigación y Ciencia 225: 42-47
- Grimberg C., Svanström B. (1983) Historia Universal. Buenos Aires. Editorial Daimon.
- Grossman D. (1996) On Killing: The Psychological Cost of Learning to Kill in War and Society. New York. Back Bay Books
- Gullo S., Church C. (1989) El shock sentimental. Barcelona Editorial Paidos.
- Gutmann M. (1996) The meanings of macho. Being a man in Mexico City. Berkeley.University of California Press
- Hamer DH.,Hu S., Magnuson VL., Hu N., Pattatucci AML. (1993) Linkage Between DNA Markers on the X Chromosome and male Sexual Orientation. Science. 261:312-327.
- Hare B., Plyusnina I., Ignacio, N., Schepina A., Wrangham R., Trut, L. (2005).Social Cognitive Evolution in Captive Foxes Is a Correlated By-Product of Experimental Domestication. Current Biology. 15: 226-230.
- Harris JR. (1999). El mito de la educación: por qué los padres pueden influir muy poco en sus hijos. Barcelona: Grijalbo.
- Heger H. (2002) Los hombres del triángulo rosa: memorias de un homosexual en los campos de concentración nazis. Madrid Ediciones Amaranto.
- Heistermann M., Möhle U., Vervaecke H., van Elsacker L., Hodges JK. (1996). Application of urinary and fecal steroid measurements for monitoring ovarian function and pregnancy in the bonobo (Pan paniscus) and evaluation of perineal swelling patterns in relation to endocrine events. Biology of Reproduction 55(4):844-53.
- Herrero Brasas JA. (2001) La sociedad gay. Una invisible minoría. Madrid Ediciones Foca.
- Heston LL., Shields J. (1968) Homosexuality in Twins - A Family Study and a Registry Study Archives of General Psychiatry. 18:149-160
- Hite S. (1976) The Hite Report : A Nationwide Study of female Sexuality. New York. Macmillan Publishing Co. Inc.
- Hrdy SB. (2009) Un chimpancé pensante no es un hombre sabio. Suplemento The New York Times Diario el País del jueves 12 de marzo de 2009
- Idani G. (1991) Social relationships between inmigrant and resident bonobo *(Pan paniscus)* females at Wamba, Folia Primatologica 57: 83-95.
- Iyëwei-Teri l. (1972) Quince años entre los Yanomamos. Caracas: Escuela Técnica Popular Don Bosco.
- Jobling MA., Tyler-Smith C. (1995). Fathers and sons:the Y chromosome and human evolution. Trends in Genetics 11: 449-456..
- Jorm AF, Korten AE, Rodgers B, Jacomb PA, Christensen H. (2002) Sexual orientation and mental health: results from a community survey of young and middle-aged adults. The British Journal of Psychiatry 180:423-427.

200

- Kallman FS. (1952) Comparative Twin Studies of the Genetic Aspects of Male Homosexuality. Journal of Nervous and Mental Diseases 115:283-298.
- Kano T. (1992) The Last Ape. Stanford University Press
- Kelly JF, Barnard KE. (2000) Assessment of parent-child interaction: implications for early intervention. In: Shonkoff JP, Meisels SJ, editors. Handbook of Early Childhood Intervention. 2 ed. New York: Cambridge University Press.
- Kendrick KM., (2004) The Neurobiology of Social Bonds. The British Society for Neuroendocrinology.
- Kinsey AC., Pomeroy WB., Martin CB. (1948). Sexual Behavior in the Human Male. Philadelphia: W.B. Saunders; Bloomington: Indiana University. Press.
- Kippin TE, Talinakis E, Chattmann L, Bartholomew S, Pfaus JG. (1998) Olfactory conditioning of sexual behavior in the male rat (*Rattus norvegicus*). Journal of Comparative Psychology 112: 389-399.
- Knowlton BJ., Mangels JA., Squire LR. (1996) A neostriatal habit learning system in humans. Science 273: 1399-402.
- Koenigs M., Young L., Adolphs R., Tranel D., Cushman F., Hauser M., Damasio A. (2007), Damage to prefrontal cortex increases utilitarian moral judgments. Nature, 446: 908-911.
- Krings M., Geisert H., Schmitz RW., Krainitzki H., Pääbo S. (1999). DNA sequence of the mitochondrial hypervariable region II from the neandertal type specimen. PNAS Proceedings of the National Academy of Sciences 96(10):5581-5585.
- Kruger T, Exton MS, Pawlak C, Von zur Muhlen A, Hartmann U, Schedlowski M. (1998) Neuroendocrine and cardiovascular response to sexual arousal and orgasm in men. Psychoneuroendocrinology 23: 401-11.
- Kutsukake N., Castles DL. (2004) Reconciliation and post-conflict third-party affiliation among wild chimpanzees in the Mahale Mountains, Tanzania. Primates 45(3): 157-65.
- Le Bon G. (1895). Psychologie des foules.Paris.Félix Alcan
- Leonard M. (2005) Por qué Europa liderará el siglo XXI Madrid Taurus.
- Lindblad-Toh K., Wade CM, Mikkelsen TS, Karlsson EK, Jaffe DB, Kamal M, Clamp M, Chang JL, Kulbokas EJ 3rd, Zody MC, Mauceli E, Xie X, Breen M, Wayne RK, Ostrander EA, Ponting CP, Galibert F, Smith DR, DeJong PJ, Kirkness E, Alvarez P, Biagi T, Brockman W, Butler J, Chin CW, Cook A, Cuff J, Daly MJ, DeCaprio D, Gnerre S, Grabherr M, Kellis M, Kleber M, Bardeleben C, Goodstadt L, Heger A, Hitte C, Kim L, Koepfli KP, Parker HG, Pollinger JP, Searle SM, Sutter NB, Thomas R, Webber C, Baldwin J, Abebe A, Abouelleil A, Aftuck L, Ait-Zahra M, Aldredge T, Allen N, An P, Anderson S, Antoine C, Arachchi H, Aslam A, Ayotte L, Bachantsang P, Barry A, Bayul T, Benamara M, Berlin A, Bessette D, Blitshteyn B, Bloom T, Blye J, Boguslavskiy L, Bonnet C, Boukhgalter B, Brown A, Cahill P, Calixte N, Camarata J, Cheshatsang Y, Chu J, Citroen M, Collymore A, Cooke P, Dawoe T, Daza R, Decktor K, DeGray S, Dhargay N, Dooley K, Dooley K, Dorje P, Dorjee K, Dorris L, Duffey N, Dupes A, Egbiremolen O, Elong R, Falk J, Farina A, Faro S,

Ferguson D, Ferreira P, Fisher S, FitzGerald M, Foley K, Foley C, Franke A, Friedrich D, Gage D, Garber M, Gearin G, Giannoukos G, Goode T, Goyette A, Graham J, Grandbois E, Gyaltsen K, Hafez N, Hagopian D, Hagos B, Hall J, Healy C, Hegarty R, Honan T, Horn A, Houde N, Hughes L, Hunnicutt L, Husby M, Jester B, Jones C, Kamat A, Kanga B, Kells C, Khazanovich D, Kieu AC, Kisner P, Kumar M, Lance K, Landers T, Lara M, Lee W, Leger JP, Lennon N, Leuper L, LeVine S, Liu J, Liu X, Lokyitsang Y, Lokyitsang T, Lui A, Macdonald J, Major J, Marabella R, Maru K, Matthews C, McDonough S, Mehta T, Meldrim J, Melnikov A, Meneus L, Mihalev A, Mihova T, Miller K, Mittelman R, Mlenga V, Mulrain L, Munson G, Navidi A, Naylor J, Nguyen T, Nguyen N, Nguyen C, Nguyen T, Nicol R, Norbu N, Norbu C, Novod N, Nyima T, Olandt P, O'Neill B, O'Neill K, Osman S, Oyono L, Patti C, Perrin D, Phunkhang P, Pierre F, Priest M, Rachupka A, Raghuraman S, Rameau R, Ray V, Raymond C, Rege F, Rise C, Rogers J, Rogov P, Sahalie J, Settipalli S, Sharpe T, Shea T, Sheehan M, Sherpa N, Shi J, Shih D, Sloan J, Smith C, Sparrow T, Stalker J, Stange-Thomann N, Stavropoulos S, Stone C, Stone S, Sykes S, Tchuinga P, Tenzing P, Tesfaye S, Thoulutsang D, Thoulutsang Y, Topham K, Topping I, Tsamla T, Vassiliev H, Venkataraman V, Vo A, Wangchuk T, Wangdi T, Weiand M, Wilkinson J, Wilson A, Yadav S, Yang S, Yang X, Young G, Yu Q, Zainoun J, Zembek L, Zimmer A, Lander ES .(2005) Genome sequence, comparative analysis and haplotype structure of the domestic dog. Nature. 438(7069):745-6.
- Livio Tito (1997) Historia de Roma desde su fundación. Obra completa. Madrid: Editorial Gredos.
- Lizotte A. Sheppard D. (2001). Gun Use by Male Juveniles: Research and Prevention. Juvenile Justice Bulletin:1-11.
- Lloyd EA. (2006) The Case of the Female Orgasm: Bias in the Science of Evolution. Harvard University Press
- Loeber R., Larry K., Huizinga D. (2001). Juvenile Delinquency and Serious Injury Victimization. Juvenile Justice Bulletin: 1-7.
- Main M. (1991). Metacognitive knowledge, metacognitive monitoring, and singular (coherent) vs. multiple (incoherent) models of attachment: Findings and directions for Future Researchs. Parks, C.M. Attachment across the Life Cycle. Londres, Routledge.
- Main, M. & Hesse, E. (1990). Parents' unresolved traumatic experiences are related to infant disorganized attachment status: Is frightened and/or frightening parental behavior the linking mechanism? In In Greenberg, M., Cicchetti, D., and Cummings, M. (Eds.),Attachment In The Preschool Years: Theory, Research, and Intervention. Chicago: University of Chicago Press.
- Maldonado-Durán M., Lecannelier F. (2008) El padre en la etapa perinatal. Perinatología y Reproducción Humana 22: 145-155.
- Marazziti D., Dell'Osso B., Baroni S., Mungai F., Catena M., Rucci P., Albanese F., Giannaccini G., Betti L., Fabbrini L., Italiani P., Del Debbio A., Lucacchini A., Dell'Osso L.(2006) A relationship between oxytocin and anxiety of romantic attachment. Clinical Practice and Epidemiology in Mental Health 2:28

- Marshall SLA. (1947) Men Against Fire: The Problem of Battle Command in Future War. New York. William Morrow
- Martínez-Cruzado JC. (2002). El uso del ADN mitocondrial para descubrir las migraciones precolombinas al Caribe: Resultados para Puerto Rico y expectativas para la República Dominicana. Revista de la historia y antropología de los indígenas del Caribe
- Maslow AH. (1973) El hombre autorealizado. Barcelona Editorial Kairós.
- Masoni S., Maio A., Trimarchi G., de Punzio C., Fioretti P. (1994) The couvade syndrome. Journal of psychosomatic obstetrics and gynaecology. 15(3):125-131.
- McClintock MK. (1971) Sincronización menstrual y supresión. Nature magacine
- Mech LD. (1999). Alpha status, dominance, and division of labor in wolf packs. Canadian Journal of Zoology 77: 1196-1203.
- Mech LD., Wolf PC., Packard JM. (1999). Regurgitative food transfer among wild wolves. Canadian Journal of Zoology. 77: 1192-1195
- Mitani JC. (1985) Mating behaviour of male orangutans in the Kutai Game Reserve, Indonesia. Animal Behaviour 33: 392-402.
- Mondimore FM. (1998) Una historia natural de la homosexualidad. Barcelona Editorial Paidós.
- Morgado-Bernal I. (2005).Psicobiología del aprendizaje y la memoria: fundamentos y avances recientes Revista de neurología 40 (5): 289-297
- Naser AG., Fullá JO., Varas MAP., Nazar RS. (2008) El órgano vomeronasal humano. Rev. Otorrinolaringol. Cir. Cabeza Cuello; 68: 199-204
- Navarro MC., Ambríz DA. (2008). Solución de conflictos en los chimpancés bonobos (Pan paniscus). ContactoS 70: 5–11
- Novo Villaverde, FJ. (2007). Genética Humana. Madrid: Editorial Pearson.
- Plomin R., Defries JC., McClearn GE., McGuffin P. (2002) Genética de la conducta. Barcelona. Editorial Ariel.
- Plomin R., Owen MJ., McGuffin P. (1994) The genetics basis of complex human behaviors. Science. 264 (5166): 1733-1739.
- Price EO. (1984) Behavioral aspects of animal domestication. Quarterly Review of Biology. 59: 1-32.
- Pries L. (1999) La Migración Internacional en tiempos de globalización. Revista Nueva Sociedad 164: 56 - 67.
- Pujol Ll, Carcenac CB (2001) Jesús 3000 años antes de Cristo. Barcelona. Editorial Plaza & Janes
- Ramírez-Rozzi FV., Bermúdez-Castro JM. (2004) Surprisingly rapid growth in Neanderthals. Nature 428:936-939
- Ramírez-Varela F. (2008) El Mito de la Cultura Juvenil. Ultima décad. [online]. 16(28): 79-90.
- Richard EG., Johannes K., Susan EP., Adrian WB., Michael TR., Jan FS., Lei D., Michael E., Jonathan MR., Maja P., Pääbo S. (2006). Analysis of one million base pairs of Neanderthal DNA. Nature 444: 330-336.
- Rifkin J. (2004) El sueño europeo. Barcelona .Ediciones Paidós.
- Schaller S. (1991). A man without words. New York : Summit Books
- Schenkel R. (1947). Expression studies of wolves. Behaviour 1: 81-129
- Schore AN. (1996). The experience-dependent maturation of a regulatory

203

system in the orbito prefrontal cortex and the origing of developemental psychopathology. Development and Psychopathology. 8: 59-87

- Schore, A. (2001). The Effects of a Secure Attachment Relationship on Right Brain Development, Affect Regulation and Infant Mental Health. Infant Health Journal. 22:7-66.
- Schore, A. (2002). Advances in Neuropsychoanalysis, Attachment Theory and Trauma Research; Implications for Self Psychology. Psychoanayitic Inquiry. 22(3): 433-484.
- Scott JP., Fuller JL. (1965). Genetics and the Social Behavior of the Dog. Chicago. University of Chicago Press.
- Sell RL., Becker JB. (2001). Sexual orientation data collection and progress toward Healthy People 2010. American Journal of Public Health. 91(6): 876-883.
- Seller A. (1987) Communication by sight and smell. En: Smuts B, Seyfarth D, Wrangham R, Struhsaker T (eds.). Primate Societies. Chicago. University of Chicago Press.
- Shaffer D. (2000). Desarrollo social y de la personalidad. Madrid: Thomson.
- Slater PJB. (1988). Introducción a la Etología. México. Cambridge University Press.
- Smith BH. (1991) Dental development and the evolution of life history in Hominidae. American Journal of Physical Anthropology, 86, 157-174.
- Smith T., Abbott D. (1998) Behavioral discrimination between circumgenital odor from peri-ovulatory dominant and anovulatory female common marmosets (Callithrix jacchus). American J Primatology, 46:265-284
- Smith T., Tafforeau P., Reid DJ., Grün R., Eggins S., Boutakiout M., Hublin JJ. (2007) Earliest evidence of modern human life history in North African early Homo sapiens. PNAS Proceedings of the National Academy of Sciences. 104(15): 6128-6133.
- Soriano Rubio S. (1999) Como se vive la homosexualidad y el lesbianismo Salamaca Ediciones Amaru
- Spiro ME. (1958). Children of the kibbutz Cambridge.: Harvard University Press
- Spitz R. (1975) El primer año de vida del niño. Barcelona Aguilar.
- Storey AE., Walsh CJ., Quinton RL., Wynne-Edwards DE. (2000) Hormonal correlates of paternal responsiveness in new and expectant fathers. Evolutionand Human Behavior 21: 79-95.
- Suetonio TC. (reedición 1992) la vida de los doce cesares. Madrid Editorial Gredos
- Swofford A. (2004) Jarhead: A Soldier's Story of Modern War. New York. Scribner
- Symons, D. (1979) The Evolution of Human Sexuality New York: Oxford University Press
- Tácito CC.(reedición 1989) Anales Madrid Editorial Gredos
- Tajfel H. (1978). Differentiation between social groups: Studies in the social psychology of intergroups relations.Londres: Academic Press.
- The Bonobo Conservation Initiative (2002).

http://www.bonobo.org/whatisabonobo.html
- Trut LN. (1999). Early Canid domestication: The Farm Fox Experiment. American Scientist. 87: 160-169.
- Tsunozaki M,, Chalasani SH,, Bargmann CI. (2008) A behavioral switch: cGMP and PKC signaling in olfactory neurons reverses odor preference in C. elegans. Neuron 59(6):839-40.
- Turner JC. (1987). Rediscovering the social group: A selfcategorization theory. Oxford: Blackwell.
- Turner JC. (1991). Social Influence. Buckingham.Open University Press.
- Underhill PA., Shen P., Lin, AA., Jin L., Passarino G., Yang W.H., Kauffman E., Bonne-Tamir B., Bertranpetit J., Francalacci P., Ibrahim M., Jenkins T., Kidd JR., Mehdi SQ., Seielstad MT., Wells RS., Piazza A., Davis RW., Feldman MW., Cavalli-Sforza LL., Oefner PJ. (2000) Y chromosome sequence variation and the history of human populations. Nature Genetics: 26: 358–361
- Vallejo F. (2007) la puta de Babilonia México DF Editorial Planeta Mexicana
- Vasquez Gonzalez C. (2003). Predicción y prevención de la delincuencia juvenil según las teorías del desarrollo social (social development theories). Revista de derecho 14:.135-158.
- Vila C., Savolainen P., Maldonado JE., Amorim IR., Rice JE, Honeycutt RL., Crandall KA., Lundeberg J., Wayne RK. (1997) Multiple and ancient origins of the domestic dog. Science 276: 1687-1689.
- Warneken F., Tomasello M. (2006) Altruistic Helping in Human Infants and Young Chimpanzees Science 311(5765):1301-1303.
- Warner J., McKeown E., Griffin M., Johnson K., Ramsay A., Cort C. (2004) Rates and predictors of mental illness in gay men, lesbians and bisexual men and women: results from a survey based in England and Wales. The British Journal of Psychiatry 185: 479-485.
- Watson P (1978). War on the Mind: The Military Uses and Abuses of Psychology. New York : Basic Books
- Wells S. (2007) Nuestros Antepasados Genographic Project. Barcelona Nacional Geographic RBA libros.
- White FJ., Wood KD. (2007) Female feeding priority in bonobos, Pan paniscus, and the question of female dominance. American Journal of Primatology 69:1–14
- Williams C. (1999) Roman Homosexuality.Oxford: Oxford University Press
- Williams R. (1980) Cultura, en Marxismo y literatura. Barcelona Editorial Península
- Wrangham R., Peterson D. (1998) Machos demoniacos Buenos Aires Editorial Ada Korn
- Young LJ, Wang Z. (2004) The neurobiology of pair bonding. Nat Neurosci 7: 1048-54.
- Zimbardo P., Haney C., Banks W., Jaffe D. (1986) La Psicología del encarcelamiento: privación, poder y patología. Revista de Psicología Social 1: 95-105.

Web

[1]http://es.wikipedia.org/wiki/Batall%C3%B3n_Sagrado_de_Tebas

[2]http://www.infopt.demon.co.uk/greek.htm

[3]http://www.andrejkoymasky.com/liv/fam/fams1.html#sacr.

[4]http://ec.aciprensa.com/d/donacionconstan.htm

[5]http://www.elpais.com/articulo/revista/agosto/Adriano/conquista/British/Museum/elpepirdv/20080717elpepirdv_1/Tes

[6]http://www.hermetic.com/pgm/ecloga-III.html

[7]http://www.dailymail.co.uk/sport/football/article-1092229/Beckham-bank-admirer-Milan-Italian-player-claims-Serie-A-stars-paid-sex.html

[8]http://www.todoperro.es/razas/

[9]http://www.ojjdp.ncjrs.org

[10]http://www.ambienteg.com/integracion/agaya-el-insulto-preferido-de-los-ninos-ingleses

[11]http://www.cogam.es/secciones/educacion/i/587036/153/presentacion-del-informe-jovenes-lgtb

[12]http://www.elpais.es

[13]http://www.cadenaser.com/articulo/sociedad/L/s/espanoles/mantienen110/relaciones/sexuales/
ano/encima/media/mundial/csrcsrpor/20041020csrcsrsoc_3/Tes/

[14]http://www.elperiodico.com/default.asp?idpublicacio_PK=5&idioma=CAS&idnoticia_PK=241031&idseccio
_PK=5&h=050910

[15]http://www.consumer.es/web/es/salud/psicologia/2007/02/16/159948.php

[16]http://www.eduardpunset.es/charlascon_detalle.php?id=24

[16]http://www.publico.es/ciencias/190968/quimica/sexos

[17] http://www.sciam.com/article.cfm?id=why-do-some-men-experienc

[18]http://www.elmundo.es/2000/09/06/opinion/06N0020.html

[19]http://www.healthsystem.virginia.edu/uvahealth/adult_mentalhealth_sp/anptsd.cfm

[20]http://historia.mforos.com/1314199/7749142-navidad-en-el-frente-de-flandes/

[21]http://www.nosolorol.com/revista/index.php?nrev=10&nsec=7

[22]http://www.nature.com/

[23]news.bbc.co.uk/hi/spanish/latin_america/newsid_7940000/7940458.stm

[24]http://www.lavanguardia.es/politica/noticias/20090424/53688973427/guardans-catalunya-corre-el-riesgo-de-tener-un-totalitarismo-nacionalista-ciu-cdc-cinematografia-mas.html

[25]http://news.bbc.co.uk/hi/spanish/news/newsid_2995000/2995918.stm

[26]http://www.abc.es/20090521/nacional-sociedad/abusos-endemicos-ninos-irlandeses-20090521.html

[27]http://www.clarin.com/diario/2005/07/24/elmundo/i-03001.htm

[28]http://news.bbc.co.uk/hi/spanish/specials/2009/darwin_200/newsid_7878000/7878938.stm

[29]http://news.bbc.co.uk/hi/spanish/news/newsid_1749000/1749989.stm

[30]http://www.elperiodico.com/default.asp?idpublicacio_PK=46&idioma=CAS&idnoticia_PK=470299&idseccio_PK=1021&h=

[31]http://www.europapress.es/internacional/noticia-irlanda-presidenta-irlanda-cree-responsables-abusos-centros-catolicos-deben-ser-juzgados-20090528124724.html

[32]http://www.europapress.es/nacional/noticia-monsenor-canizares-no-cree-comparables-abusos-menores-irlanda-aborto-20090528130227.html

[33]http://fauerzaesp.org/index.php?option=com_content&task=view&id=72&Itemid=1

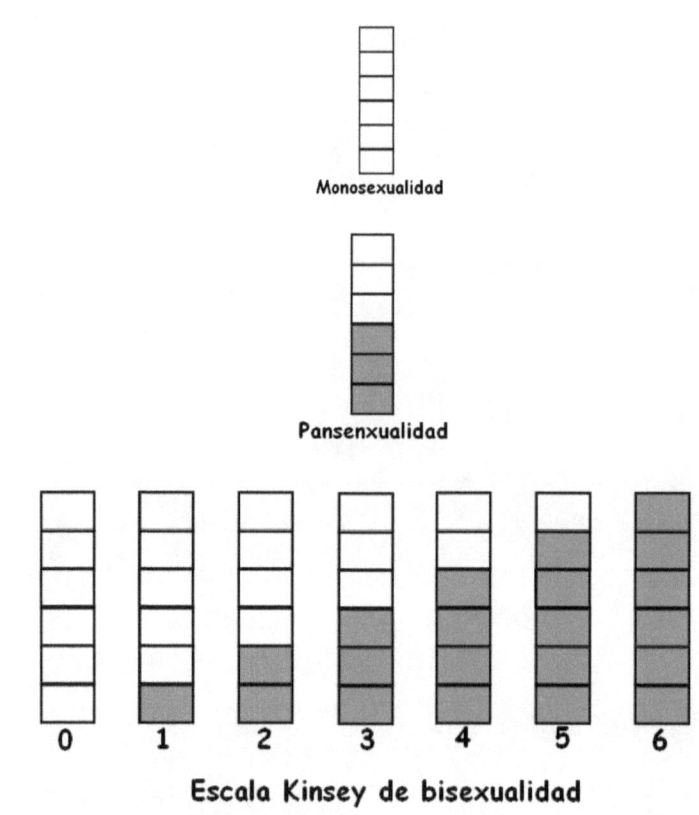

Monosexualidad

Pansenxualidad

Escala Kinsey de bisexualidad

Homosexualidad

Heterosexualidad

www.ingramcontent.com/pod-product-compliance
Lightning Source LLC
Chambersburg PA
CBHW061404280526
45784CB00001B/369